Maria M. Kettenring

Aromaküche

im Rhythmus der Jahreszeiten

Gesund und kreativ kochen mit ätherischen Ölen

Fotografiert von Ulla Mayer-Raichle

AT Verlag

Dieses Buch ist den Freunden der Aromakultur gewidmet.

AT Verlag, Aarau, Schweiz
Lithos: AZ Grafische Betriebe AG, Aarau
Druck und Bindearbeiten: Neue Stalling GmbH, Oldenburg
Printed in Germany

ISBN 3-85502-583-5

Inhaltsverzeichnis

Vorwort

von Küchenchef Lothar Tüttelmann

Jeder Tag voller Aroma und Duft ist ein schöner Tag.

Altägyptisches Sprichwort

Es war einer jener grauen, seltsamen Abende, wie ich sie in den letzten Wochen oft erlebt hatte. Ich schleppte mich mehr durchs Leben, als dass ich festen Schrittes ging, wie ich es bisher gewohnt gewesen war. Durch eine Krankheit hatte ich meinen Geruchs- und Geschmackssinn verloren, was für mich als Küchenchef eine Katastrophe bedeutete. Die Eintönigkeit dieses grauen Novembertages entsprach meiner inneren Verfassung und der Öde auf meinem Gaumen; ich konnte kaum noch geschmackliche Unterschiede wahrnehmen.

Da sass ich nun etwas verlassen in diesem mir noch unbekannten Restarant. Die Besitzerin, eine innovative Vollwertköchin, wie sich später herausstellte, hatte mir das Gericht persönlich zubereitet und liebevoll am Tisch serviert, als mich plötzlich der Duft des Gerichts über die Nase direkt ins Herz traf. Ich war wie elektrisiert und erstmals konnte ich wieder einen Hauch von Lebendigkeit und Würze erahnen. Ein zarter, farbiger Lichtblick fiel in das Grau meiner Geschmacksempfindung – ich hatte die ätherischen Öle in der Aromaküche kennengelernt, und von da an war mein beruflicher und persönlicher Werdegang eng mit den lebensspendenden ätherischen Ölen verbunden.

Diesen Worten eines Freundes, mittlerweile Vizepräsident einer international angesehenen Köchevereinigung ist nichts mehr hinzuzufügen, und ich lade Sie ein auf eine Duftreise durch die Aromaküche, in der Hoffnung, dass ein aromatischer Lichtblick auch in Ihr Herz fällt, Sie anregt und vielleicht sogar verzaubert.

Einleitung

Hors d'œuvre aromatique

Steh auf, Nordwind, und komm, Südwind, und ziehe durch meine Gärten, dass der Duft ihrer Gewürze ströme.

Salomon, Kap. 4, Vers 13

Mögen Sie den Duft von Bratäpfeln, erinnern Sie sich an die betörenden mediterranen Kräutermischungen, vermittelt Ihnen Kaffee ein Gefühl von Geborgenheit? Gelingt es Ihnen, die Augen zu schliessen und sich den Geschmack eines exotischen Currys mit Kokos und Zitronengras vorzustellen? Wenn Sie bei solchen Gedanken ein wohliges Gefühl durchströmt, ist die Aromaküche wie für Sie geschaffen. Hier isst die Seele mit, denn ätherische Öle sind wahre Muntermacher für Körper und Geist.

Ein fein duftendes Essen schmeckt himmlisch und öffnet die Sinne. Nicht umsonst galten Gewürze im Mittelalter als Tor zum Paradies. Liebes- oder Paradiesgärten waren immer schon mit anregenden Düften von Ingwer, Kardamom, Muskat, Nelken und Zimt erfüllt. Das alte Sprichwort «Liebe geht durch den Magen» verweist noch auf diesen Zusammenhang, denn Düfte wecken Sinnlichkeit, berühren und halten geschmackliche Schmeicheleinheiten bereit, die auf die Sprünge helfen können. In der Schriftensammlung «Corpus Hippocraticum», die vor über zweitausend Jahren entstand, wird ein zusätzlicher Aspekt aufgezeigt: «Eure Nahrung soll Heilmittel, und eure Heilmittel sollen Nahrung sein.» Schon früh wusste man, dass zwischen Geniessen, Heilen und Kochen ein enger Zusammenhang besteht.

Eure Nahrung soll Heilmittel, und eure Heilmittel sollen Nahrung sein.

Hippokrates

Ätherische Öle tragen etwas Himmlisches in sich, wie ihr Name schon verrät; das griechische *aither* bedeutet soviel wie «Himmelsluft». Durch sie fühlen wir uns himmlisch geborgen, zu Hause und können mit ihrer Hilfe sogar Ängste abbauen. Sie beeinflussen unsere Befindlichkeit und verschaffen uns gute Gefühle, denn schneller, als wir zu denken vermögen, berühren sie die zentrale Schaltstelle im Gehirn mit seinem Erinnerungsvermögen.

Wohlduftendes Essen vermag das Herz und den Geist zu öffnen, es kann über Gaumen und Nase eine knisternde, erotische Atmosphäre schaffen; es kann sogar den Herzschlag erhöhen, ein Gefühl von Wärme erzeugen und Sympathie oder Antipathie wecken. Vom Duft und Aroma berührt, kommt man ins Schwärmen und wird regelrecht verzaubert. Allein der Duft eines Essens vermag bereits die Verdauungssäfte zu aktivieren; es werden Magensäfte und Speichelenzyme produziert, die die Verdauung erleichtern. All diese Kenntnisse hat sich auch die Aromatherapie in vielfältiger Weise zu Nutze gemacht. Für die

Apothekerwaage, ätherisches Öl und die Herstellung aromatischer Salze.

Der Aromat
Angeregt durch Korfs
Geruchs-Sonaten,
gründen Freunde einen
«Aromaten».
Einen Raum, in welchem,
kurz gesprochen,
nicht geschluckt wird,
sondern nur gerochen.
Gegen Einwurf kleiner
Münzen treten
aus der Wand balsamische
Trompeten,
die den Gästen in geblähte
Nasen,
was sie wünschen, leicht
und lustig blasen.
Und zugleich erscheint auf
einem Schild
des Gerichtes wohlgetroff-
nes Bild.
Viele Hunderte, um nicht
zu lügen,
speisen nun erst wirklich
mit Vergnügen.

Christian Morgenstern

ernährungsbewusste Küche und für die Gourmetküche eröffnet die Verwendung von ätherischen Ölen eine beachtliche Bandbreite an abwechslungsreicher, gesundheitsfördernder und kreativer Geschmacksveredelung.

Tropfen für Tropfen den wunderbaren Naturaromen auf der Spur, entdeckte ich vor über zwölf Jahren die ersten Rezepturen in alten Pharmazie- und Drogistenbüchern. Eine alte Kunst kreativ umzusetzen war das Ziel meiner Erlebnisreise. Zur Seite standen und stehen mir hochwertige ätherische Öle aus besten Anbaugebieten, wobei ich solche aus Wildsammlung und biologischem Anbau bevorzuge. Ätherische Öle, oft auch Essenzen genannt, sind mit erlesenen Weinen zu vergleichen, deren Geschmacksqualität auch von der Lage und Sonneneinstrahlung abhängig ist.

Mit der entscheidenden Prise Leichtigkeit, sozusagen anwenderfreundlich, galt es die Naturaromen umzusetzen. Nach dem Erscheinen meiner ersten Kochbücher zur aromafeinen Thematik fanden Ende der achtziger Jahre die ersten Seminare statt, die einen lebendigen Austausch zwischen den Teilnehmern und der Kursleitung mit sich brachten. Die Aromakochkunst, die sich daraus entwickelte, verband sich mit dem Trend der letzten Jahre – hin zur echten Würzkraft, weg von der einseitigen «Salz-und-Pfeffer-Kultur».

Zur Zeit vollzieht sich eine wahre Renaissance, mit Kräutern und Gewürzen Speisen und Snacks zu verfeinern. Die «Aromaküche im Rhythmus der Jahreszeiten» – eine Welt voller Duft und Würze – passt ideal zu verschiedensten Kochdisziplinen. Sie kann Diäten begleiten oder in der Fastenzeit das Nachfasten erleichtern, denn sie wirkt appetithemmend oder -anregend, je nach Einsatz ihrer ätherischen Öle. Würzöle, Würzsalze, Würzhonige, Würzsirupe und Würzsojasaucen (siehe Seite 23–28) sind wie ein griffbereiter, mobiler aromareicher Kräutergarten stets zur Hand. Sie ergeben wahre Geschmackssymphonien in nuancenreicher Vielfalt, vor allem in Kombination mit frischen Kräutern und Gewürzen. Und wenn diese fehlen, stellen die ätherischen Öle einen echten Ersatz dar, ohne auf das geliebte Naturaroma verzichten zu müssen.

Lebendige, anregende Aromakochseminare zu Frühjahr, Sommer, Herbst und Winter, angeboten von Primavera Life und von mir gestaltet und betreut, erfuhren einen ständig wachsenden Zuspruch. Die Teilnehmer baten darum, dass diese duftreichen, sinnlichen Rezepturen veröffentlicht werden. Die beliebtesten und gut nachvollziehbaren Speisen, Snacks, Gebäcke, Getränke und Desserts sind in diesem Buch in jahreszeitgemässen Menüs für Sie zusammengestellt. Ausserdem finden Sie zu jeder Jahreszeit ein Aroma- und Duftprofil mit den dazu passenden ätherischen Ölen.

Lassen Sie Bilder aus Träumen, Duft und Phantasie Wirklichkeit werden. Blättern Sie auf, beginnen Sie aromafein zu kochen, und lassen Sie sich den Duft auf der Zunge zergehen. Ich wünsche Ihnen eine gute Nase, ein offenes Herz und Ihre persönliche, zauberhafte «Aromaleichtigkeit».

Maria M. Kettenring,
Neu-Isenburg, Sommer 1997

Das Wesen der ätherischen Öle

Pflanzendüfte sind wie Musik für unsere Sinne.

Altes persisches Sprichwort

Im Rhythmus der Jahreszeiten entwickelt die Pflanze ihre Lebenskraft. Harmonisch folgt sie in ihrem Wachsen, Blühen und Fruchten dem Jahreslauf. Die vielfältigen Pflanzenfamilien der Lippen- und Korbblütler, der Dolden-, Rauten- und Rosengewächse entfalten alle ihre ganz eigenen, aussergewöhnlichen Aromen, ihre ätherischen Öle.

Wer kennt nicht den unvergleichlichen Duft des Basilikums aus dem Mittelmeerraum, das nur in diesem Klima seine Inhaltsstoffe in ihrer wahren Fülle bildet? Es ist das ätherische Öl, das diesem Kraut sein unverkennbares, süsses und leicht pfeffriges Aroma verleiht. Es entsteht durch den spezifischen Stoffwechselprozess der Pflanze, beeinflusst durch die Sonnenwärme und die jeweilige Bodenbeschaffenheit. In den sogenannten Idealbiotopen für Gewürzkräuter, Mittelmeerraum, Gewürzinseln, Ceylon, Madagaskar oder in den Hochlagen der Anden, Bhutans u.a., reichern die dort heimischen Pflanzen biochemisch hochwertige Inhaltsstoffe in den ätherischen Ölen an. Je trockener und heisser das Klima, desto mehr Aromen und Inhaltsstoffe werden gebildet. Dies sind flüchtige, wohlduftende Stoffe, die je nach Gewinnungsart und Herkunft oft farblich differieren. Diese Duft- und Geschmacksstoffe gelten zu Recht als «die Vitamine des Gaumens», die unser Leben reichhaltiger und farbiger gestalten können.

Duft- und Geschmacksstoffe gelten zu Recht als «die Vitamine des Gaumens».

Der Duft und das Aroma einer Pflanze ist als «chemische Information in ihrem ätherischen Öl enthalten; daher ist dieses auch so wertvoll für die Aromatherapie. Kompressen aus Lavendel und Neroli wirken entspannend. Bei Erkältungen helfen Inhalationen mit Eukalyptus oder Myrte; Rosmarin und Zitrone stärken das Gedächtnis. Diese biochemisch hochwertigen ätherischen Öle, oft auch Essenzen genannt, werden als «sekundäre Pflanzenstoffe» bezeichnet.

Sie werden von der Pflanze auch in verschiedener Weise zur Kommunikation genutzt. Pflanzen locken mit Farben und Düften Bienen zu ihrer Bestäubung an. Das reife Beerenaroma zieht die Vögel an; sie fressen die Beeren und verbreiten mit ihrer Ausscheidung die Samen. Die Pflanzen können sich mit Hilfe ätherischer Öle aber auch vor Frassfeinden schützen; Schnecken mögen beispielsweise keinen Thymian. Die Essenzen dienen der Pflanze zum Anlocken und zum Abstossen. Sie helfen ihnen, Pilze und Parasiten abzuwehren und damit die Entstehung von Krankheiten zu verhindern. Mit Hilfe ätherischer Öle bildet die Pflanze zusätzlich ein Mikroklima, eine Art «aromatischen Abwehrschirm» gegen Hitze oder Kälte; Lavendel bildet seine stärksten Duftstoffe in der glühenden Mittagssonne, das zarte Rosenaroma hingegen wird in den frühen Morgenstunden vor Tau und Tag gebildet.

Wissenschaftler sprechen von einer «chemischen Pflanzensprache». Erst jüngst hielt Josep Penuelas von der Freien Universität Barcelona zu einem der pflanzlichen Inhaltsstoffe fest: «Terpenoide sind eine der vielfältigsten chemischen Sprachen im Netzwerk der Kommunikation zwischen Pflanzen und

Oben Rosenfeld im Taurusgebirge in der Türkei. Darunter Lemongrassernte in Bhutan.

anderen Organismen.» Einfacher ausgedrückt könnte man sagen: Pflanzen wie Lavendel, Muskatellersalbei oder Thymian unterhalten sich per «Luftpost» miteinander. Je trockener die Region, um so aktiver ist das Duftgezwitscher der Pflanzen. Der häufige Regen in unseren nördlichen Breiten erschwert die Duftkommunikation.

Beim Menschen schmeicheln die ätherischen Öle nicht nur Gaumen und Nase und lassen uns das Wasser im Munde zusammenlaufen, sondern können auch Erinnerungen wachrufen. Im Gehirn lösen die Düfte eine heftige Aktivität aus. Der chemische Duftreiz wird in Bruchteilen von Sekunden in elektrische Impulse umgewandelt, und schneller, als wir zu denken vermögen, wird im Gehirn ein ausserordentlicher Cocktail aus Botenstoffen zusammengemixt.

Kakaoduft beruhigt die Nerven, spritzige Minze aktiviert das Adrenalin und kann appetitmindernd wirken.

Grapefruitaroma regt die Endorphinausschüttung an (das Glückshormon, das für unsere innere Freude verantwortlich ist, ein sogenannter «Happymaker»), Kakaoduft beruhigt die Nerven, spritzige Minze aktiviert das Adrenalin und kann appetitmindernd wirken. Oregano, Thymian oder Rosmarin aktivieren wiederum den Appetit und regen zugleich die Fettverbrennung an. Ein Essen voller köstlicher Gerüche ist deshalb ein doppelter Genuss. Ätherische Öle vermögen sogar unsere Psyche zu nähren, hier isst die Seele mit – auch wenn dies vielen Menschen nicht bewusst ist. Deshalb sind Aromen und Gewürze von jeher Lebenselixiere zur Stärkung des Wohlbefindens; das wussten schon die alten Ägypter vor über dreitausend Jahren und reichten daher vor dem Essen einen Duftbecher zum Aperitif. Dieser Duftbecher bestand aus getrockneten und frischen angewärmten Kräutern, Gewürzen und Essenzen, die Nase und Gaumen gleichermassen auf das Essen einstimmten. Jahreszeitlich abgestimmte Duftbecher finden Sie für Sie und Ihre Gäste in diesem Buch.

Die alten Ägypter reichten schon vor 3000 Jahren einen Duftbecher zum Aperitif.

Hochwertige ätherische Öle und ihre Gewinnung

Nur knapp ein Drittel der Pflanzenwelt bringt Duftstoffe hervor, wobei die stärksten Kräfte die wild wachsenden Pflanzen an den jeweiligen natürlichen Standorten entfalten; denken Sie an den Lavendel aus der Provence oder die Zitrusöle aus Sizilien. Erfreulicherweise nimmt auch in diesen Idealbiotopen der kontrolliert biologische Anbau (kbA) zu, das heisst eine umweltgerechte Landwirtschaft ohne den für Mensch und Natur schädlichen Einsatz von Pestiziden, Herbiziden und Fungiziden.

Bei der Photosynthese der Pflanze am Tag und während der Regenerationsprozesse im Laufe der Nacht entstehen Stoffwechselprodukte mit hochkomplexen biochemischen Inhaltsstoffen (unter anderem Aldehyde, Ester und Monoterpene). Beispielsweise das zitronig duftende Linalool des Zitronenthymians, das sich speziell eignet für mediterrane Gerichte und leichte, frische Salate, oder das feurige Thymol des Thymians, das die Fettverbrennung etwa beim Genuss eines Gänsebratens unterstützt.

Essentielle Öle sind teilweise verwandt mit den menschlichen Hormonen und Vitaminvorstufen. Muskatellersalbei mit seiner hormonell aufbauenden Wirkung kann gerade in Zeiten starker Stimmungsschwankungen das seelische Gleichgewicht wieder herstellen. Bestreuen Sie das Kalbsfilet behutsam mit

Salz, das Sie mit Muskatellersalbei angereichert haben, und Sie erzielen genau diesen Effekt.

Aromatische Pflanzen bringen in den Öldrüsen ihrer Blätter, Blüten oder Früchte, im Holz, im Stengel, in Wurzeln und Samen in winzigsten Mengen ihre speziellen ätherischen Öle hervor.

Um hundertprozentig reine ätherische Öle zu gewinnen, kommen je nachdem, in welchem dieser Pflanzenteile die Pflanze ihr spezielles ätherisches Öl produziert, unterschiedliche Gewinnungsverfahren zur Anwendung. Die gebräuchlichste Methode zur Gewinnung reiner Pflanzendestillate ist die Wasserdampfdestillation.

Wasserdampfdestillation

Bei dieser Methode wird zerkleinertes Pflanzenmaterial in den Destillierkolben geschichtet. Mit Hilfe von heissem Wasser oder Wasserdampf mit genau auf die Pflanze abgestimmtem Druck werden dann die wertvollen ätherischen Öle aus dem Pflanzengut herausgelöst. Beim Abkühlen des Wasserdampfes trennt sich das ätherische Öl vom Wasser. Es entstehen zwei Produkte: das ätherische Öl, das fettlöslich ist, und das aromatische Wasser (Hydrolat), das wasserlöslich ist (siehe Seite 30).

Co-Destillation

Bei dieser Destillationsmethode werden die Ursprungspflanzen über andere Pflanzen wie Rosmarin, Zeder oder Galbanum abdestilliert, da die Ursprungspflanze sonst ihr ätherisches Öl nicht preisgeben würde. Dies sind zum Beispiel Pflanzen wie das Mädesüss (Wiesenkönigin, Moorgeissbart), Algen, Brennessel oder Heu. Mädesüss wird vor allem in der Aromatherapie eingesetzt, die anderen genannten Pflanzen dienen eher dem Wohlbefinden und eignen sich besonders für die Verwendung in der Aromaküche und Aromapflege.

Kaltpressung (Expression)

Diese Methode ist das schonendste Gewinnungsverfahren; es bleiben dabei sogar noch Vitaminvorstufen erhalten, nach Valnet zum Beispiel das Provitamin A aus den Schalen der Zitrone. Die Zitrusessenzen oder Agrumenöle, wie sie auch genannt werden, gewinnt man ausschliesslich mit diesem Verfahren. Fruchtschalen von Bergamotte, Clementine, Limette, Mandarine und Orange werden kalt ausgepresst. Beim Zentrifugieren trennt sich die Essenz vom Wasser, und anschliessend werden die Schwebestoffe durch mehrmaliges Filtern herausgereinigt.

Oben Rosendestillation, eine besondere Form der Wasserdampfdestillation. Es handelt sich um eine Zweiphasendestillation.

In der Mitte Rosenblütenblätter und Flaschen mit Rosenwasser (Hydrolat). Auf der Oberfläche schwimmt das kostbare Rosenöl.

Unten Enfleurage, eine besonders schonende Methode zur Gewinnung ätherischer Blütenöle.

Extraktion (Auszug)

Bei dieser Methode werden der Pflanze mittels Trinkalkohol oder mittels eines chemischen Lösungsmittels, beispielsweise Hexan, die löslichen Aromastoffe entzogen. Um einige Beispiele zu nennen, werden etwa Jasmin, Mimose und Tuberose mit Hexan, Honig, Kakao, Tonka, Vanille hingegen sollten immer mit Trinkalkohol extrahiert werden. Achten Sie auf diese Qualitätsangabe; Volldeklaration ist Voraussetzung beim Kauf von ätherischen Ölen (siehe Seite 14).

Enfleurage

Dies ist eine besonders schonende Methode zur Gewinnung ätherischer Blütenöle, die auf eine lange Tradition zurückblickt. In aufwendiger Handarbeit werden frisch gepflückte Blüten auf eine mit Fett dünn bestrichene Glasplatte gelegt und kühl gelagert. Die Blüten werden täglich gewechselt, bis das Fett gesättigt ist. Anschliessend wird diese Pomade mit Alkohol «gewaschen». Der Alkohol wird abdestilliert, und damit ist das reine Absolue-Öl gewonnen. Da diese Methode äusserst arbeitsaufwendig ist, wurde sie seit Jahrzehnten nicht mehr praktiziert. Der Firma Primavera Life ist es gelungen, in Madurai (Südindien) diese pflanzengerechte Methode in einem Projekt wiederzubeleben – als Hilfe zur Selbsthilfe für die einheimische Bevölkerung. Dabei wird ein betörend sinnlich duftendes Jasmin-Absolue gewonnen. (Ein exotisches Parfait mit diesem Aroma finden Sie auf Seite 123.)

Naturidentische Stoffe

Bei diesen Stoffen handelt es sich um synthetisierte Produkte aus den Chemielabors – um chemische Nachbildungen also, deren Nebenprodukte noch nicht genügend erforscht sind und deren Einfluss auf unsere Gesundheit zumeist noch unbekannt ist. Diese Öle sind für die Aromaküche keinesfalls zu empfehlen! Vom Gebrauch sogenannter naturidentischer Öle sowie von Mischölen, die aus einer Kombination von synthetischen und natürlichen Ölen bestehen, ist wegen den gesundheitlichen Risiken dringend abzuraten!

In der Lebensmittelindustrie finden diese Stoffe leider sehr viel Verwendung. Achten Sie einmal darauf, auf wie vielen Joghurts, Cremen, Saucen, Dips usw. Sie diese Bezeichnung finden; vielleicht regt Sie dies dazu an, Ihren Frischkäse, Joghurt und Quark selbst mit echten Naturaromen zu versehen. Nehmen sie Ihr Leben bewusst in die eigene Hand; in der Küche können Sie vorbeugend viel für Ihre eigene Gesundheit und die Ihrer Familie tun.

Ich rate, nur qualitativ hochwertige ätherische Öle zu verwenden, die zwar oft etwas teurer sind. Dabei halte ich mich an den französischen Feinschmecker und Philosophen Brillat-Savarin (1755–1826), der sagte, dass «nur in der Reinheit die wahre Lebenskraft liegt».

Qualitätskriterien beim Einkauf ätherischer Öle

Achten Sie beim Einkauf Ihrer ätherischen Öle auf eine kompetente Beratung, die in Naturkostfachgeschäften, gut sortierten Feinkost-, Kräuter-, Gewürz- und Teeläden, Reformhäusern und aufgeschlossenen Apotheken gewährleistet ist. Für den Laien ist es recht schwer geworden, sich in dem unüberschaubaren Angebot ätherischer Öle zurechtzufinden. Mittlerweile werden sogar in Souvenirgeschäften und auf Märkten aller Art billigste Öle verkauft. Qualität hat ihren Preis, und Öle, die alle gleich viel kosten und äusserst günstig sind, können kaum höchste Reinheit garantieren.

Wichtigste Angaben auf den Etiketten der Flaschen mit ätherischen Ölen und auf den Preislisten:

- *100% reines ätherisches Öl*
- *deutscher und lateinischer Pflanzenname*
- *Ursprungsland*
- *Angabe des Pflanzenteils (beispielsweise Nelkenknospe oder Nelkenblätter oder Zimtrinde und Zimtblätter, Bitterorangenblüte oder -schale)*
- *Füllmenge in ml oder g*
- *Gewinnungsverfahren: Wasserdampfdestillation, Expression, Enfleurage oder Extraktion*
- *Bei Extraktion muss das Lösungsmittel angegeben sein! Achtung: Für die Aromaküche verwenden wir bei Extraktionen nur Öle, die mit Alkohol ausgezogen wurden.*
- *Bei Expressionen darauf achten, dass die Öle aus kontrolliert biologischem Anbau (kbA) oder rückstandskontrolliert sind.*
- *Qualitätsangaben (in absteigender Güte):*
  kontrolliert biologische Wildsammlung
  Demeter-Anbau (d.h. kontrolliert biologisch-dynamisch)
  kontrolliert biologischer Anbau (kbA)
  Mit Abstand folgt der konventionelle Anbau; hier ist auf Rückstandskontrollen zu achten, denn bei diesen Pflanzen werden Pestizide verwendet.
- *Chargennummer (Kontrollnummer) sollte jede Flasche aufweisen.*
- *Bei Zitrusölen kann oder soll das Verfallsdatum vermerkt sein.*
- *Falls das Öl verdünnt wurde, sollte immer eine genaue Angabe des Zusatzes und des Mischungsverhältnisses in Prozent deklariert sein.*
- *Ätherische Öle sollten in Lichtschutzglas abgefüllt sein, zumeist das übliche Braunglas.*

Kaufen Sie keine ätherischen Öle, die in durchsichtige Flaschen abgefüllt sind; ätherische Öle sind sehr licht-, luft- und temperaturempfindlich und sollten deshalb immer in speziellen lichtgeschützten Fläschchen aufbewahrt werden. Länger haltbare ätherische Öle sind vergleichbar mit guten Weinen, die, je länger sie reifen, umso besser werden. Sie bewahren ihre Aromen und Inhaltsstoffe,

und manche entwickeln noch ihr Bouquet. Blütenöle wie jene von Rose, Jasmin oder Rosenpelargonie (Geranie) fallen in diese Kategorie. (Aus optischen Gründen und um die farblichen Unterschiede zu zeigen, beispielsweise bei Bergamotte- und Orangenessenz, wurden im vorliegenden Buch manche Öle in durchsichtigen Flaschen fotografiert.)

Die fertig zubereiteten Würzöle, Würzölmischungen, Würzsojasaucen, Würzsalze, Würzhonige und Würzsirupe sehen in schönen Klarsichtflakons und bunten Flaschen als Geschenk oder auf dem Küchenbord reizvoll aus, müssen aber schneller verbraucht werden, und zwar innerhalb von sechs Monaten.

Achten Sie bei den reinen, hundertprozentigen ätherischen Ölen immer auf den Lichtschutz, also in Braunglasflaschen aufbewahren! Die reinen ätherischen Öle haben in der Regel mindestens eine Haltbarkeit von drei Jahren.

Die Agrumen- oder Zitrusöle bilden eine Ausnahme; sie sind ein bis zwei Jahre haltbar und sollten schneller verbraucht werden.

Links ein «portabler Kräutergarten» aus Würzölen mit dekorativ eingelegten Kräutern, Würzessig, Würzsirup und Kräuterlikör.
Rechts Gewürzsetzkasten.

Aromaküche – eine Welt voller Duft und Würze

Die Augen sind die Wege des Menschen.
Die Nase ist sein Verstand.

Hildegard von Bingen, 12. Jahrhundert

Das Geheimnis einer einwandfreien Verdauung und Verbrennung liegt in der Auswahl und Kombination von ätherischen Ölen, Gewürzen und frischen Kräutern. Einerseits sorgen sie für den raffinierten Geschmack. Andererseits sind ätherische Öle der Schlüssel zur Öffnung des Magentors – das magische «Sesam öffne dich». Sie bringen die Verdauungssäfte zum Fliessen und entlasten dadurch den Verdauungsvorgang. Ätherische Öle, wie sie in der Aromaküche verwendet werden, wirken damit äusserst gesundheitsfördernd.

Ein duftendes Kaloriensparprogramm für seelische Balance

Testreihen des Taste and Smell Institute von Chicago (1995) belegen, dass Aromastoffe einen wichtigen Zusatzeffekt für den Energiestoffwechsel haben. Probanden rochen täglich mehrmals und gezielt an Minze, die Kontrollgruppe hingegen nur an Placebofläschchen ohne Duft. Voraussetzung war, dass die Essgewohnheiten nicht geändert werden durften. Und siehe da, die Menschen, die an ätherischem Minzöl rochen, nahmen innerhalb von sechs Wochen bis zu fünf Pfund Körpergewicht ab. Ätherische Öle greifen demnach aktiv in Funktionen des Körpers ein, vor allem in die Verbrennung von Fett. Bewirkt wird dies durch die sogenannten sekundären Pflanzenstoffe. Diese Reizstoffe werden bei Kräutern und Gewürzen noch zusätzlich durch Bitterstoffe und Flavonoide ergänzt; gemeinsam stimulieren sie die Produktion von Verdauungsenzymen im Mund- und Magenbereich und fördern die Durchblutung der Zellen, so dass Stoffwechselprodukte optimal abgebaut werden. Eine interessante Möglichkeit für genussvolles Abnehmen! An einem Minz-Orangen-Duftcocktail Schnuppern kann eine ausgezeichnete «Zwischenmahlzeit» als psychische Aufbaunahrung sein. Der Duft von ätherischem Pfefferminzöl hat appetithemmende Wirkung – ein Tropfen Minze, aufs Taschentuch geträufelt oder in das Grübchen am Kinn gerieben, kann eine ideale Stütze in der Fasten- und Nachfastenzeit sein, und zusätzlich erfrischt der Duft Geist und Gemüt.

Der Duft einer Speise bringt uns tatsächlich auf den Geschmack.

Der Duft einer Speise bringt uns tatsächlich auf den Geschmack. Jeder kennt den unangenehmen Zustand bei einer Erkältung, nichts mehr zu schmecken. Die Zunge, unser Geschmackssinn, nimmt nur Salzig, Süss, Sauer, Bitter und Scharf wahr. Die nuancenreiche Aromafülle eines Essens hingegen analysiert die hochsensible Nase. Eine verschnupfte Nase findet keinen Genuss am Essen.

Mit dem Geruchssinn sind wir einem der sinnlichsten Sinne auf der Spur, der eine weit grössere und geheimnisvollere Rolle spielt, als wir denken. Wir besitzen ein ausgesprochen gutes Aroma- und Duftgedächtnis. Wer kennt nicht das warme Kakao-, Vanille- oder Zimtaroma, das uns in Bruchteilen von Sekunden in die Kindheit zurückversetzen kann? Marcel Proust wurde von einem solchen Ereignis derart überwältigt, dass ihn dies zum Schreiben eines ganzen Romans inspirierte (siehe Seite 103). Geruch und Geschmack bleiben unauslöschlich in unserem Duft- und Langzeitgedächtnis gespeichert. Aus diesem Grund ist das Aromatisieren und Würzen einer Speise eine besondere Veredelung, die Krönung des Kochens – eine Kunst, die geradezu magische Kräfte ausüben kann und Ihren Gästen unvergesslich bleibt.

Eine befreundete Aromatherapeutin und Biologin hatte nach einer Krankheit ihren Geruchssinn zeitweilig verloren, und dadurch war auch ihr Geschmackssinn erheblich eingeschränkt. Dennoch bekochte sie weiterhin ihre Familie und entwickelte mit der Zeit eine Art intuitives Würzen. Obwohl sie es nicht schmecken konnte, spürte sie, wenn ihr die Würzung der Speisen gelungen war. Es stellte sich dann sowohl bei ihrer Familie wie auch bei ihr selbst eine wohlige Zufriedenheit ein.

Bei bewusster Geruchswahrnehmung produziert das Limbische System z.B. über den Hypothalamus Endorphine, die verantwortlich sind für Wohlgefühl, Euphorie und Glücksgefühle; durch die Ausschüttung von Serotoninen werden Schmerzempfindungen heruntergesetzt, es stellt sich Wohlgefühl und Zufriedenheit ein. Die Beobachtung meiner Freundin weist darauf hin, dass das Orchester der Botenstoffe auch bei verminderter oder vollkommen unterbrochener Geruchsempfindung bedingt spielfähig sein kann. Dies lässt noch ein weites wissenschaftliches Forschungsfeld offen.

Ätherische Öle sind eine Art «Stimmungsmodulator» für unser seelisches Gleichgewicht.

Meine tiefe Überzeugung nach vielen Jahren Aromaküche und Umgang mit Düften ist, dass die naturreinen Düfte und Aromen auf jeden Fall und manchmal auf geheimnisvolle Weise ihren Weg ins Gehirn finden, um dort für seelisch-geistige Balance zu sorgen. Sie sind eine Art «Stimmungsmodulator» für unser seelisches Gleichgewicht, ob durch eine Duftlampe verströmt oder in einem fein aromatisierten Essen genossen, im pflegenden, wohltuenden Aromabad oder über ein duftendes Körperöl von der Haut aufgenommen – und dies selbst bei verminderter Geruchswahrnehmung. Es lohnt sich, den Naturaromen auf die Spur zu kommen.

Ätherische Öle, Essenzen und Würzessenzen in der Aromaküche

Der Wille zum Genuss ist im Menschen so ausgeprägt, dass er ständig bemüht ist, die geschmackliche Perfektion letztendlich über das Würzen zu erreichen.

Brillat-Savarin, französischer Feinschmecker und Philosoph

Ätherische Öle, Essenzen und Würzessenzen sind eine ideale Ergänzung und Bereicherung für Ihre Küche; keinesfalls sollen sie frische Kräuter, Gewürze, Blüten oder Zitrusfrüchte ersetzen. Vielmehr erweitern sie Ihr Würzspektrum auf kreative und zugleich einfache Weise. Brennesselessenz beispielsweise kann den Geschmack Ihrer Frühlingssuppe raffiniert unterstreichen, denn nicht immer hat man Brennesseln in ausreichender Menge zur Hand. Heu-, Pfeffer- und Zitronenessenz verfeinern das Wiesenschaumsüppchen und verleihen ihm ein exquisites Aroma- und Duftbouquet. In ätherischem Anisöl gedämpfte Karotten ergeben ein besonders intensives Geschmackserlebnis, indem sich die Grundsüsse des Gemüses verstärkt, ohne das typische Karottenaroma zu verlieren (siehe Aromadämpfen oder -garen, Seite 33).

Ätherisches Pfefferöl ist zwar pfeffrig-aromatisch, aber in keiner Weise scharf. Für Menschen, die empfindsam auf starke Gewürze reagieren, oder Kinder, die frische oder getrocknete Kräuter manchmal ablehnen, sind ätherische Öle die dezenten Abrunder.

Ätherische Öle bringen landestypische Abwechslung auf den Speiseplan. Von der italienischen O-sole-mio-Mischung bis hin zur exotischen Thai-Würzessenz entstehen je nach Gusto ohne grosse Mühe echte Geschmackssymphonien. (Siehe Würzölmischungen Seite 23–28.)

Beachten Sie die nachfolgenden Grundregeln der Aromawürzkunst, dann ist die Aromaküche ein Kinderspiel.

Tips für die schnelle Aromaküche

Einfach, aber raffiniert: Aroma vom Schneidbrett

Träufeln Sie 3–5 Tropfen von diversen Zitrusölen oder 1–2 Tropfen eines anderen ätherischen Öls Ihrer Wahl auf das Küchenbrett, und verreiben Sie diese auf der Schnittfläche des Bretts. Hacken, schneiden, tranchieren oder wiegen Sie Ihre Kräuter, Gemüse, Salate, Fleisch und Fisch darauf – fertig ist ein gelungener einfacher Aromazauber. Gleichzeitig desinfizieren Sie mit dieser Anwendungsmethode Ihr Schneidbrett und Ihre Zutaten; vor allem Zitrone tötet Streptokokken und viele weitere Bakterien ab. Zudem machen angenehme Zitrusdüfte das Schneiden von Zwiebeln, Lauch oder Knoblauch erträglicher.

Wollen Sie einmal etwas Neues probieren? Träufeln Sie 3 Tropfen ätherisches Bergamotteöl auf ein Küchenbrett, vorsichtig verreiben und darauf einen Bund frisch gepflückten Bärlauch schneiden. Ab Ende März können Sie ihn selbst im Wald pflücken.

Gelernt habe ich die Methode des «Küchenbrett-Einträufelns», als ich vor einigen Jahren als Kursleiterin auf einer Duftreise in der Provence unterwegs war. In der Abgeschiedenheit eines ehemaligen Ursulinerinnenklosters zelebrierten wir zum Abschluss der Reise ein vorzügliches Aromafestessen. Den Schlusspunkt bildete mein Lavendeleis mit Nerolirahm (Seite 74). Von diesem Dessert war einer der Teilnehmer, Lenn Price, von Beruf Chemiker, aber auch ein Feinschmecker und Aromakoch aus Passion, so begeistert, dass er mich zur Seite nahm und mir sein kleines Aromageheimnis verriet.

Variation: Gefässe aromatisieren

Verwenden Sie diese Methode in abgewandelter Form, indem Sie Schüsseln, Schalen, Gefässe und Auflaufformen mit 1–3 Tropfen der gewählten Würzessenz einreiben, bevor Sie die Zutaten einfüllen, umrühren und servieren.

Generelles zu Anwendung und Dosierung

Ätherische Öle sind fett- und alkohol-, aber nicht wasserlöslich; das bedeutet, dass sie immer in Trägerstoffe, sogenannte Emulgatoren (Seite 29), eingebunden werden. Ohne lange Vorbereitungszeit träufeln Sie beispielsweise in einen Teelöffel Rahm oder Sonnenblumenöl 1–2 Tropfen der entsprechenden Würzessenz, verrühren sie mit der Rückseite eines zweiten Teelöffels oder mit einem

Glasstab und geben die angerührte Würzemulsion am Ende des Kochvorgangs in die Suppe, Sauce, Marinade usw.

Denken Sie daran, dass ätherische Öle höchst flüchtig sind, deshalb geben Sie die Würzessenzen erst kurz vor dem Servieren in die warmen Gerichte, ausser beim Vormarinieren von Tofu, Seitan, Fleisch und Gemüse. Bei kalten Gerichten können Sie die Würzmischung zu jedem beliebigen Zeitpunkt beigeben.

Wichtiger Hinweis: Reine ätherische Öle sind in der Aromaküche äusserst sparsam zu verwenden.

Ein Tropfen zuviel kann schon verhängnisvoll sein, da ätherische Öle sehr hohe Konzentrationen von Pflanzenteilen darstellen. 1 Tropfen Rosenöl entspricht beispielsweise 30 duftenden Blüten; daher genügt für eine Nachspeise für sechs Personen ein halber bis ein Tropfen davon völlig.

1 ml ätherisches Öl oder Würzessenz entspricht 20–25 Tropfen, je nach Dichte des entsprechenden ätherischen Pflanzenöls. Für 25 Tropfen ätherisches Lavendelöl muss man etwa 1,5 kg frischen Lavendel schneiden.

Regel: Auf einem trockenen Stück Brot oder Knäckebrot sollte ein Teelöffel der angerührten Würzölmischung noch geniessbar sein. Sie können zum Nachwürzen eine Flasche mit Ihrer beliebtesten Mischung immer griffbereit auf den Esstisch stellen.

Nachwürzen ist kein Problem, aber Verdünnen ist manchmal knifflig.

Ätherische Öle anfangs nie direkt in die Speisen, sondern zuerst immer auf einen Löffel träufeln, denn es können manchmal gleich mehrere Tropfen herauskommen. Falls dies passiert, den Löffel reinigen und erneut mit der genauen Dosierung beginnen oder das Ganze verdünnen.

Kleine Reize fachen die Lebenstätigkeit an, grössere Reize hemmen sie, und starke Reize führen zum Zelltod.

Arendt-Schulzsche Regel

Weniger ist oft mehr! Um die Jahrhundertwende wurde in der Homöopathie die sogenannte Arendt-Schulzsche Regel aufgestellt: «Kleine Reize fachen die Lebenstätigkeit an, grössere Reize hemmen sie, und starke Reize führen zum Zelltod.» Neuere wissenschaftliche Untersuchungen bestätigen dies insbesondere auch in Bezug auf die ätherischen Öle, die spezifisch auf das Membransystem der menschlichen Zellen wirken. In niedrigen Dosierungen beeinflussen sie speziell die Aktivitäten bestimmter Enzyme, Carrier, Ionenkanäle oder Rezeptoren der Zellen. In höheren Konzentrationen unterdrücken sie diese Aktivitäten sogar eher durch Abdichtung der Membran. (Greifswald, Melzig, Villmann, Truscher: «Untersuchung zum Wirkungsmechanismus ätherischer Öle», in: Zeitschrift für Psychotherapie (11)1990, Stuttgart: Hippokrates Verlag)

Kleiner Reiz, grosse Wirkung – aus diesem Grund vermag die Aromaküche mit ihren niedrigen Dosierungen besonders stark die Lebensfreude und Lebensqualität zu steigern.

Für Einsteiger

Das Herstellen aromatischer Vorräte

Für das Herstellen von Würzölen und Würzölmischungen benötigen Sie native, das heisst naturbelassene, kaltgepresste Öle (Distel-, Erdnuss-, Haselnuss-, Oliven-, Soja-, Schwarzkümmel-, Sesam-, Sonnenblumen- oder Walnussöl; das neutralste ist Sojaöl, aber kein genbehandeltes verwenden!) und hundertprozentig reine ätherische Öle, Essenzen oder Würzessenzen.

Einzelwürzöle wie Basilikum-, Dill-, Estragon-, Majoran-, Rosmarinwürzöl usw. stellen Sie am besten in lichtgeschützten Flaschen oder Schmuckflaschen von 30–100 ml Fassungsvermögen her; dasselbe gilt auch für die Würzölmischungen (siehe 23ff).

Man rechnet auf 50 ml Basisöl oder Trägeröl 5 bis maximal 15 Tropfen der Würzessenzmischung. Ätherische Zitrusöle können eher höher dosiert werden, bis zu maximal 20 Tropfen; dies entspricht beinahe einer zweiprozentigen Mischung. Von ätherischen Ölen wie beispielsweise Basilikum oder Majoran nimmt man etwa 5–8 Tropfen, von Ölen mit intensivstem Aroma wie Kreuzkümmel, Nelke oder Zimt reichen bereits 1–2 Tropfen auf die zuvor genannte Grundmenge für das gewünschte milde Aroma.

Träufeln Sie die ätherischen Öle oder die fertige Würzessenzmischung in das Basisöl, und drehen Sie die Flasche einige Male hin und her, damit sich beides gut miteinander vermischt.

Tip: Für eine dekorative Variante, die sich auch ideal als Geschenk oder Mitbringsel eignet, verwenden Sie zusätzlich frische Kräuter, die Sie zuvor sorgfältig waschen und mit Küchenkrepp trockentupfen. In die Flasche geben Sie zuerst die gereinigten Kräuter, füllen dann das Trägeröl ein und träufeln zuletzt die ätherischen Öle hinein. Achten Sie darauf, dass die Kräuter vollständig vom Öl bedeckt sind, sonst beginnen sie zu schimmeln.

Einzelwürzöle und Würzölmischungen benötigen einige Tage Reifezeit.

Würzölmischungen und Einzelwürzöl teelöffel- oder esslöffelweise verwenden, je nach gewünschter Würzstärke.

Würzölmischungen

Dillerlei- oder Dill-&-Co.-Würzölmischung

Dillerlei

In 50 ml natives Distel-, Erdnuss-, Sonnenblumen- oder Sojaöl:

3 Tropfen ätherisches Dillsamenöl

2 Tropfen ätherisches Fenchelöl

2 Tropfen ätherisches Estragonöl

2 Tropfen ätherisches grünes Pfefferöl

Dill & Co.

In Trägeröl wie oben:

3 Tropfen ätherisches Dillsamenöl

1 Tropfen ätherisches Estragonöl

1 Tropfen ätherisches Melissenöl 30%

2 Tropfen ätherisches grünes Pfefferöl

Diese beiden Mischungen sind ideal für herzhafte heimische, mitteleuropäische Gerichte, für Salate, Dips, Saucen, Marinaden und Pasten. Man kann sie beliebig mit frischen Kräutern (Petersilie, Schnittlauch, Liebstöckel, Kerbel usw.) variieren.

Fünf-Winde-Würzölmischung

In 50 ml natives Schwarzkümmel- oder Sesamöl:

2 Tropfen ätherisches Anisöl

3 Tropfen ätherisches Fenchelöl

3 Tropfen ätherisches Koriandersamenöl

1 Tropfen Kreuzkümmelöl

2 Tropfen Lavendelöl

Für schwer Verdauliches, Gebratenes und fette Speisen. Diese Ölmischung kann auch bei Magendrücken und Blähungen direkt auf dem Bauch eingerieben werden.

Zwei italienische Würzölmischungen

O sole mio

In 50 ml natives Oliven-, Sonnenblumen- oder Walnussöl:

3 Tropfen ätherisches Thymian-Linalol-Öl (auch als Zitronenthymian bekannt)

2 Tropfen ätherisches Rosmarin-officinalis-Öl

7 Tropfen ätherisches Clementinenöl

Pizza mia

In 50 ml natives Oliven-, Sonnenblumen- oder Walnussöl:

3 Tropfen ätherisches Basilikumöl

3 Tropfen ätherisches Oreganoöl oder Majoranöl

3 Tropfen ätherisches Rosmarin-Cineol-Öl (oder Rosmarin officinalis)

5 Tropfen ätherisches Clementinenöl

Beide Mischungen eignen sich vorzüglich für die mediterrane, vor allem die italienische Küche, Pizza mia besonders für Pizza, aber auch für Sugo und andere Tomatengerichte.

Provenzalische Würzölmischungen

Provence-Würzölmischung

In 50 ml natives Erdnuss-, Oliven-, Sonnenblumen- oder Sojaöl:
- 2 Tropfen ätherisches Salbeiöl
- 2 Tropfen ätherisches Lavendelöl
- 3 Tropfen ätherisches Oreganoöl oder Majoranöl
- 2 Tropfen ätherisches Thymian-Linalol-Öl (auch als Zitronenthymian bekannt)

Provençale-Würzölmischung

In 50 ml natives Erdnuss-, Oliven-, Sonnenblumen- oder Sojaöl:
- 2 Tropfen ätherisches Korianderöl
- 2 Tropfen ätherisches Lavendelöl
- 1–2 Tropfen ätherisches Muskatellersalbeiöl
- 1 Tropfen ätherisches Oreganoöl oder Bergbohnenkrautöl
- 1 Tropfen ätherisches Thymian-Thymol-Öl (auch als roter Thymian bekannt, kräftiges, dominantes Thymianaroma)

Diese Mischungen sind in der französischen mediterranen Küche beliebt und eignen sich für Gratins, Aufläufe, Gemüse- und Kartoffelgerichte ebenso wie zum Marinieren von Fleisch und Fisch, zum Einlegen von Ziegenkäse und anderes mehr.

Bergamotte-Grand-Marnier

Würzölmischung ohne Alkohol für Süsses und Salziges

In 50 ml natives Haselnuss- oder Walnussöl:
- 5 Tropfen ätherisches Grapefruitöl
- 8 Tropfen ätherisches Orangenöl
- 3 Tropfen ätherisches Bergamotteöl

Diese Mischung ist für süsse Speisen, Desserts, Frühstücksmüslis, Eis und Gebäck geeignet.

Capri-Würzölmischung

Diese Würzmischung wird in den Rezepten oft auch pur als Würzessenzmischung, d.h. nicht in Trägeröl gelöst, verwendet. Sie ist unter demselben Namen als fertige Mischung im Handel erhältlich, kann aber auch leicht selbst zusammengestellt werden: Mischen Sie in einem 5-ml-Glasfläschchen 3 ml ätherisches Orangenöl und 2 ml ätherisches Zitronenöl. Für eine kleinere Menge mischen Sie 15 Tropfen ätherisches Orangenöl mit 9 Tropfen ätherischem Zitronenöl.

In 50 ml natives Haselnussöl:
- 5 Tropfen ätherisches Orangenöl
- 3 Tropfen ätherisches Zitronenöl

Diese Mischung ist für süsse Speisen, Desserts, Frühstücksmüslis und Gebäck ebenso wie für Salziges wie frische Salate, Dips, Saucen und Marinaden geeignet. Eine der vielseitigsten Mischungen.

Euro-Asia-Würzölmischung

Asiatisch-orientalisch

In 50 ml natives Distel-, Erdnuss-, Schwarzkümmel-, Sesam- oder Sonnenblumenöl:
1 Tropfen ätherisches Bay- oder Koriandersamenöl
2 Tropfen ätherisches Ingweröl
2 Tropfen ätherisches Limettenöl
1 Tropfen ätherisches Lemongrassöl
1 Tropfen ätherisches grünes Pfefferöl

Ergänzend können noch 2 Tropfen ätherisches Kreuzkümmelöl beigefügt werden.

Diese Mischung ist eine raffinierte Kombination für die ayurvedische Kochkunst und gibt rührgebratenem Gemüse, mariniertem Tofu, Fisch oder Fleisch ein exquisites, leicht exotisches Flair.

Thai-Würzölmischung

In 50 ml natives Distel-, Erdnuss-, Schwarzkümmel-, Sesam- oder Sonnenblumenöl:
1 Tropfen ätherisches Bayöl
2 Tropfen ätherisches Korianderblattöl
2 Tropfen ätherisches Tulsiöl (indonesisches Basilikum)
1 Tropfen ätherisches Galgantöl
1 Tropfen ätherisches Ingweröl
3 Tropfen ätherisches Limettenöl
1 Tropfen ätherisches Lemongrassöl

Ideal für rührgebratenes Gemüse, die asiatische Küche, aromagedämpftes Gemüse, Fisch und leichtes Geflügelfleisch, zum Marinieren von Tofu usw. Diese Mischung gibt es im Fachhandel auch als fertige Würzessenzmischung von Primavera Life. Davon emulgieren Sie 8–12 Tropfen mit 50 ml nativem Distel-, Erdnuss-, Schwarzkümmel-, Sesam- oder Sonnenblumenöl.

Würzsalze

Wer den Griff in das Salzfässchen liebt, sollte immer das eine oder andere aromatische Würzsalz auf seinem Küchenbord bereitstehen haben. Es ist eine raffinierte Würzmethode, um feine Nuancen zu erzielen. Gebratenem Fleisch, Fisch, Gemüse, Kartoffelgerichten, Saucen und Dips gibt sie speziell beim Nachwürzen Pfiff. Die oben genannten Rezepturen für Würzölmischungen können jederzeit auch auf Würzsalze übertragen werden. Das genaue Vorgehen ist im folgenden bei den beiden aufgeführten Würzsalzen beschrieben.

Bergamotte-Muskatellersalbei-Salz

7 Tropfen ätherisches Bergamotteöl
5 Tropfen ätherisches Muskatellersalbeiöl

Die ätherischen Öle in ein verschliessbares Schraubglas mit 50 g Fassungsvermögen träufeln und das Glas so lange drehen, bis die Glaswand vollständig benetzt ist.

Anschliessend 50 g Meersalz in das Glas füllen und stark schütteln. Das Salz im Glas einige Tage ruhen lassen und dann immer wieder schütteln. Nach etwa zwei Wochen ist es genügend gereift und kann verwendet werden.

Orangen-Lemongrass-Salz

5 Tropfen ätherisches Lemongrassöl
7 Tropfen ätherisches Orangenöl

Die ätherischen Öle in ein verschliessbares Schraubglas mit 50 g Fassungsvermögen träufeln und das Glas so lange drehen, bis die Glaswand vollständig benetzt ist.

Nun 50 g Meersalz in das Glas füllen und stark schütteln. Das Salz im Glas einige Tage ruhen lassen und dann immer wieder schütteln. Nach etwa zwei Wochen ist es genügend gereift und kann verwendet werden.

Würzsojasaucen

Sie sind vor allem für die asiatische Küche von herausragender Bedeutung, und auch in der makrobiotischen Küche wird dieser aromafeine Salzersatz gerne verwendet. Aromatische Würztamari- oder -sojasaucen sind eine beliebte Grundlage für Marinaden für Fisch, Fleisch, Gemüse und speziell für Tofu.

Direkt in der Schmuckflasche auf den Tisch gestellt, eignen sich Würzsojasaucen und Würztamarisaucen sehr gut zum Nachwürzen. Zur Verwendung siehe bei den entsprechenden Würzölmischungen, Seite 23ff.

Ingwer-Koriander-Tamari

- 100 ml Tamari- oder Sojasauce
- 7 Tropfen ätherisches Ingweröl
- 5 Tropfen ätherisches Koriandersamenöl¡

Orangen-Lemongrass-Tamari

- 100 ml Tamari- oder Sojasauce
- 7 Tropfen ätherisches Orangenöl
- 5 Tropfen ätherisches Lemongrassöl

Thai-Sojasauce

- 100 ml Sojasauce
- 10 bis maximal 20 Tropfen der fertig gekauften hundertprozentigen Thai-Würzessenzmischung (siehe Thai-Würzölmischung, Seite 25)

Euro-Asia-Sojasauce

- 100 ml Soja- oder Tamarisauce
- 12 bis maximal 25 Tropfen der fertig gekauften hundertprozentigen Euro-Asia-Würzessenzmischung (siehe Euro-Asia-Würzölmischung, Seite 25)

Würzkräuterpasten

In Würzöle, Würzölmischungen und Würzsalze eingelegte frische Kräuter werden äusserst wirksam konserviert. Dies wussten schon unsere Grossmütter, als sie während der Sommermonate ihre frisch gesammelten Kräuter als Vorrat, schichtweise mit Salz, Öl und ätherischen Ölen versetzt, in Steinguttöpfe füllten. Meine Grossmutter und Mutter führten eine vorbildliche Küche, so kannte ich schon von Kindesbeinen an diese Variante für eine Kraftsuppe, die zu jeder Jahreszeit griffbereit stand.

Eine moderne Form aus der Aromaküche habe ich für Sie zusammengestellt; meine beliebtesten Kräuter dafür sind Basilikum, Bärlauch, Kerbel, Rucola (Rauke) oder eine Kräutermischung.

Würzkräuterpaste Grundrezept

- 100 g Kräuter
- 100 ml natives Sonnenblumen- oder Olivenöl
- 5 Tropfen ätherisches Zitronenöl
- 3 Tropfen ätherisches Basilikumöl (vor allem für Basilikumpesto)
- 3 Tropfen grünes ätherisches Pfefferöl (fakultativ)
- ca. 10 g Salz

Für Kerbel- und Rucola-Würzkräuterpaste verwenden Sie anstelle von ätherischem Basilikumöl Koriandersamenöl oder Bayöl (Piment) – schmeckt raffiniert.

Die Kräuter behutsam waschen, trockentupfen, ganz klein schneiden oder besser noch im Mörser oder Mixer zermusen. Ätherische Öle erst im Trägeröl emulgieren und dann mit Salz gut untermischen. Die fertige Würzkräuterpaste in ein dunkles Schraubglas füllen. Die Paste gut mit Öl bedecken; sie ist etwa 6 Monate, oft noch etwas länger, im Kühlschrank haltbar.

Mit schönen handbeschriebenen Etiketten versehen, ist dies ein sehr persönliches Geschenk für verschiedenste Gelegenheiten.

Aromapesto

Dieser Pesto wird mit denselben Zutaten und nach derselben Methode wie im zuvor beschriebenen Grundrezept hergestellt. Zusätzlich:

- 20 g fein gehackte Pinienkerne
- 50 g frisch geriebener Parmesan
- 2 EL Zitronensaft

Die Pinienkerne können nach Belieben zuerst in der Pfanne goldgelb geröstet werden. Die Kräuterpaste zubereiten, die übrigen Zutaten beimengen und kurz aufmixen. Mit diesen dickflüssigen Aromapestos und Kräuterpasten können Sie sehr gut Aufläufe, Suppen, Saucen, Teigwaren und Kartoffelgerichte aromatisch verfeinern und färben.

Die wichtigsten Werkzeuge und Hilfsmittel der Aromaküche, zusammen mit einigen Beispielen von Würzsalz, Würzhonig, Würzsirup, Würzessig und Würzöl.

Würzsirupe

Mandarinen-Orangen-Sirup

In 100 ml Ahornsirup:
- 5 Tropfen ätherisches Orangenöl
- 8 Tropfen ätherisches Mandarinen-, Zitronen- oder Bergamotteöl

Dieser Sirup gibt Ihrem Tee, einfachem Mineralwasser, Eiswürfeln, Cocktails, Milchshakes, einem Parfait, Dessert oder Müsli ohne grosse Mühe ein feines Aroma.

Minz-Frucht-Sirup

In 100 ml Ahornsirup oder 50 ml Ahornsirup und 50 g Akazienhonig:
- 5 Tropfen ätherisches Pfefferminzöl
- 3 Tropfen ätherisches Orangenöl
- 5 Tropfen ätherisches Blutorangenöl

Ideal für sommerliche Getränke, Eiswürfel, Eistee, Desserts oder als süsser Brotaufstrich.

Rosenpelargoniensirup

In 100 ml Ahornsirup:
- 1 Tropfen Kakaoessenz
- ½ Tropfen Tonkaessenz (fakultativ)
- 5 Tropfen ätherisches Rosengeranienöl
- 3 Tropfen Palmarosaöl
- 3–5 Tropfen ätherisches Bergamotteöl

Für eine exquisitere Variante ersetzen Sie das Palmarosaöl durch 1 Tropfen Neroliöl. Dieser Sirup lässt sich nach Belieben mit Ihren bevorzugten ätherischen Blüten-, Frucht- und Gewürzölen abwandeln.

Würzhonige

Vanille-Kakao-Honig

In 100 g Akazienhonig:
- 5 Tropfen Kakaoessenz
- 8 Tropfen Vanilleessenz
- ½ Tropfen Tonkaessenz (fakultativ)

Orangen-Bergamotte-Honig

In 100 g Akazienhonig:
- 5 Tropfen ätherisches Bergamotteöl
- 10 Tropfen ätherisches Orangenöl
- 3 Tropfen Vanilleessenz (fakultativ)

Lebkuchenhonig oder Zimt-Orangen-Honigsirup

In 50 ml Akazienhonig und 50 ml Ahornsirup:
- 1 Tropfen ätherisches Kardamomöl
- 1 Tropfen ätherisches Zimtrindenöl
- 3 Tropfen ätherisches Ingweröl
- 3 Tropfen Vanilleessenz
- 5 Tropfen ätherisches Orangenöl
- 3 Tropfen ätherisches rotes Mandarinenöl

Diese Lebkuchenvariante eignet sich besonders für die Advents- und Weihnachtszeit sowie die kalten Wintermonate, kann aber auch einen Eistee im Sommer raffiniert verfeinern. Bratäpfel, Cremen, Eis, Gebäck, Kuchen und Punsche aller Art werden damit aromafein.

Stellen Sie sich nach Ihren individuellen Wünschen und Vorlieben aus den obigen Rezepten Ihr ganz persönliches Aromabord zusammen, ich nenne es gerne meinen «mobilen Aromakräutergarten». Die Würzhonige, -öle, -salze und -sirupe sind einfach zu dosieren und können, auf diese Art und Weise zubereitet, grosszügiger gehandhabt werden als die reinen Essenzen. So verwenden Sie in der Küche einen Teelöffel, Esslöffel oder einen Schuss direkt aus der Flasche Ihrer gewünschten Würzölmischung. Das jeweilige Mixen, Träufeln und Abzählen entfällt.

Einige Würzessenzmischungen wie Capri, Dill & Co., O sole mio, Provençale, Thai, Euro-Asia und Zimt-Orange werden als fixfertig gemischte Würzessenzen von der Firma Primavera Life im Fachhandel angeboten. Die Würzessenzmischung Zimt-Orange beispielsweise ist besonders ausgewogen aus elf verschiedenen Ingredienzien zusammengestellt und wäre in einer kleinen Menge schwer anzusetzen.

Pure Würzessenzmischungen sind eine zusätzliche Hilfe in der Aromaküche. Sie brauchen sich nicht alle Einzelingredienzien zusammenzusuchen oder zu kaufen, sondern haben beispielsweise mit einer Geschmacksrichtung wie «Capri» Orange und Zitrone optimal so miteinander kombiniert, dass es für Süsses und Salziges ideal abgestimmt ist.

Die reinen Essenzmischungen haben darüber hinaus den Vorteil, dass sie sich je nach Rezept auch in andere Träger als Öl einbinden lassen. Für einen Kaffee etwa kann man ein bis zwei Tropfen Capri-Würzessenzmischung pur in den Rahm träufeln (ein Öl als Träger würde sich hier nicht eignen). Oder eine bereits recht fetthaltige Avocadocreme würde mit einer Würzölmischung eher zu üppig-schwer, mit 2 Tropfen der reinen Capri-Würzessenzmischung aber wird sie aromatisch frisch. Gibt man noch 1 Tropfen ätherisches Limettenöl dazu, erhält die Creme zusätzlich Geschmacksfrische und Leichtigkeit.

Dasselbe gilt auch für die Thai- und alle anderen Würzessenzmischungen. Haben Sie diese Mischungen nicht zur Hand, können Sie aus den gleichnamigen Würzölmischungen Einzelöle auswählen und diese pur verwenden.

Dies sind die Kniffe und Feinheiten, aus denen sich verschiedenste individuelle Spielarten ableiten lassen, je nach Kochgewohnheit und gewünschtem Resultat.

Trägerstoffe oder Emulgatoren

Ätherische Öle sind nicht wasserlöslich. Ihr Aroma kommt erst dann richtig zur Entfaltung, wenn sie mit sogenannten Emulgatoren (ein Bindemittel, das die Bildung einer Emulsion erleichtert) oder Trägerstoffen verbunden werden. Dies sind:

- alle nativen fetten Öle wie Distel-, Erdnuss-, Schwarzkümmel-, Sesam-, Haselnuss-, Mandel-, Oliven-, Soja-, Sonnenblumen- und Walnussöl
- Ahornsirup
- Akazienhonig (der neutralste Honig, da er kaum Eigengeschmack hat)

- Alkohol, Brandy, Weingeist, Korn
- Avocado für Salziges und Süsses
- Birnendicksaft (Vorsicht: starker Eigengeschmack)
- Butter
- Eigelb
- Essig (Himbeer-, Beeren-, Obst- und Weinessig)
- griechischer Joghurt und Joghurts mit erhöhtem Fettgehalt
- fette Milch
- Honige
- Malze und Melasse aller Art (sie haben allerdings meist einen starken Eigengeschmack)
- Mayonnaise
- Salz
- Sojasauce (keine genbehandelte verwenden)
- Tamarisauce
- Vollrohrzucker
- Zitronensaft

Da unser Haushalt mit mindestens einigen dieser Trägersubstanzen ausgestattet ist, können Sie bereits mit einem ätherischen Öl, das Ihnen zur Verfügung steht, den ersten Aromazauber wagen.

Aromatische Pflanzenwässer

Hydrolate oder Aquarome sind die wasserlöslichen Beiprodukte der Wasserdampfdestillation. Diese wertvollen Pflanzenwässer sind noch relativ unerforscht, und man findet kaum Literatur darüber; dennoch sind sie den Hausfrauen und aufmerksamen Köchen vor allem durch das Rosenwasser geläufig, welches gern für die Marzipanherstellung verwendet wird.

Es gibt in der Zwischenzeit eine ganze Reihe interessanter aromatischer Pflanzenwässer wie Holunderblütenwasser, Lorbeerwasser, Orangenblütenwasser, Rosenwasser, Rosmarinwasser und Salbeiwasser.

Sie besitzen noch biochemische Inhaltsstoffe, die bei der Wasserdampfdestillation nicht in das ätherische Öl übergingen und enthalten zusätzlich noch ätherische Ölanteile. Eine wertvolle Bereicherung für die Aromaküche!

Ein weiterer Vorteil: Sie müssen nicht emulgiert werden, sondern können sofort auch wässrigen Substanzen beigegeben werden, da sie im Gegensatz zu den ätherischen Ölen wasserlöslich sind.

Ein paar Ideen: Für Cremen, Eis, Getränke aller Art; ein Schuss Orangenblütenwasser für den Tee oder Rosenwasser für Kaffee, Gebäck, Marzipan; zum Einlegen von Früchten für eine Bowle; für ein Orangenblüten- oder Holunderblütensorbet. Oder Toastbrot mit Lorbeer-, Rosmarin- oder Salbeiwasser abpinseln – besonders vorteilhaft für die schlanke Linie, man kann dann auf Butter verzichten!

Der Griff zur «Aromatrickkiste»

Bepinseln und Bestreichen von Aufläufen, Gebäck usw.

Kommt ein Auflauf, eine Quiche, eine Pizza oder getoastetes Brot aus dem Backofen, bepinseln Sie die noch warme Oberfläche mit aromatischen Würzölen, Würzsirupen oder aromaverfeinertem Eigelb. Damit lassen sich die Gerichte besonders fein abschmecken. Zudem durchzieht dann ein appetitanregender, einladender Duft die Wohnung – eine Belohnung für Koch oder Köchin und eine aromatische Begrüssung für Familie und Gäste. Verfahren Sie ebenso mit Kleingebäck und Kuchen. Das Aroma zieht zart in das Gebäck ein und duftet nach.

Duftpinsel

Eine spezielle Variation ist ein Duftpinsel aus Naturmaterial. Am besten eignet sich ein Rosmarinzweig, vielleicht sogar ein kräftiger, blühender Zweig. Entfernen Sie einige der unteren Nadeln und tauchen Sie den Zweig umgekehrt in ein Glas, in das sie zuvor 1 bis 3 Esslöffel Würzöl oder Würzölmischung Ihrer Wahl füllten. Die Gäste können sich selbst nach Lust und Laune mit Aroma bedienen. Eine schöne Anregung für Grillabende oder Partys, die zudem noch dekorativ aussieht (siehe Bild Seite 52).

Geröstete Kokosraspel oder Sesam (Gomasio) mit Aroma

Kokosflocken und -raspel sind ideale fetthaltige Träger und können deshalb ätherische Öle besonders gut binden. Träufeln Sie in ein Schraubglas 10 Tropfen eines oder mehrerer ätherischer Öle Ihrer Wahl (z.B. Bergamottearoma, Orangenaroma), bewegen Sie es, um das ätherische Öl gut zu verteilen, füllen Sie hernach geröstete Kokosflocken oder -raspel hinein, und schütteln Sie das Glas. Eignet sich zur Verwendung in Eischnee für Makronen, für rührgebratenes Gemüse und Fleisch oder für Getreidekugeln.

Für Gomasio wird Sesam zuerst in der Pfanne geröstet, dann mit 1 Teelöffel Aromawürzsalz (Seite 25) versetzt und warm in der Gomasioschale (oder notfalls einem Mörser) zerrieben. In ein Schraubglas füllen (oder in ein attraktives Glas zum Verschenken) und gut schütteln. Zur Verstärkung des Aromas können Sie zuvor noch einige Tropfen pures ätherisches Öl in das Glas träufeln. Eine vortreffliche Würze für die asiatische Küche oder, über Getreidegerichte gestreut, ein Hit für die makrobiotische Küche.

Honig- oder Eiweissguss für Gebäck

1 Esslöffel Wasser mit 1 Teelöffel aromatisiertem Honig (Seite 28) oder einem mit 1 Tropfen Vanilleessenz oder Zitrusöl Ihrer Wahl versetzten Eiweiss verrühren und gleichmässig über das Gebäck streichen. So wird die Oberfläche der Plätzchen glatt, gleichmässig und zugleich zart aromatisch.

Provençale

Das Synergie- oder Optimierungsprinzip

Verwenden Sie beispielsweise frisches Basilikumkraut zusammen mit in Olivenöl verdünntem ätherischem Basilikumöl. So erhalten Sie eine starke Synergie, die Ihnen erlaubt, mit weniger von beiden Zutaten eine optimale Geschmacksnote zu erhalten.

Wussten Sie schon, dass ätherische Öle von Küchenkräutern wie Basilikum oder Rosmarin konzentrationssteigernd und anregend auf das Zentralnervensystem wirken? Kombinieren Sie diese abwechselnd mit Zitrone oder Pfefferminze in der Duftlampe, erhalten Sie eine höchst förderliche Lernmischung.

Und die Hausfrau oder der Hausmann kann sich beim Kochen – ganz nebenbei – ein echtes «Stimmungsdoping» schaffen, denn die Öle wirken modulierend auf die Psyche. Adrenalin, Endorphin, Serotonin, Dopamin und viele andere Botenstoffe werden dabei aktiviert.

Asiatische Küche: Rührbraten im Wok

Das Rührbraten im Wok, das auch bei uns längst kein Geheimnis mehr ist, ist eine traditionelle Methode der asiatischen Küche. Gemüse aller Art, Sprossen, Fisch, Fleisch, Reis und Nudeln werden unter Rühren mit Holzstäbchen oder -löffeln angebraten.

Bei dieser Kochtechnik kommen speziell die auf Seite 25 und 26 aufgeführten Würzsojasaucen, -tamaris und asiatisch inspirierten Würzölmischungen zum Einsatz. Da sich die Duftmoleküle schnell verflüchtigen, sollten die Aromaingredienzien erst am Ende, während des letzten Rührvorgangs, zugegeben und untergerührt werden.

Aromadämpfen oder -garen – die schonende Umkehrdestillation

Diese Kochmethode ist ein besonderer Trumpf der Aromaküche. Sie benötigen dazu einen Wassertopf, auf den Sie einen Bambussteamer (Dämpfer, Dämpfkorb oder -aufsatz) setzen können. Oder Sie verwenden einfach einen Dampfkochtopf mit einem gelochten Einsatz, arbeiten dabei allerdings ohne Dampfdruck. Je nach Beilagen-, Gemüse-, Fisch- oder Fleischmenge verwenden Sie zwischen 1/4 l und 1/2 l Wasser, Gemüse- oder Suppenbrühe. In den letzen 2 bis 5 Minuten des Dämpfvorgangs träufeln Sie die reine Würzessenzmischung Ihrer Wahl in das köchelnde Wasser. So werden auch Teigtaschen, wie gefüllte Momos oder Wan Tans, schonend von dem duftenden Wasserdampf durchzogen und erhalten ein besonders apartes Geschmacksbouquet.

Die Menüvorschläge im vorliegenden Kochbuch sind, sofern nicht anders vermerkt, für vier Personen berechnet. Einige Zutaten sind als fakultativ bezeichnet, d.h., sie sind für das Rezept nicht unbedingt erforderlich und können weggelassen werden.

Frühling

Zeit der Erneuerung

Es ist eine Kraft
der Ewigkeit,
und diese Kraft
ist grün.

Hildegard von Bingen, 12. Jahrhundert

Die Grünkraft «Veriditas» schenkt Lebensenergie und Lebensfreude

Die ersten wärmenden Strahlen der März- und Aprilsonne lassen alles wieder lebendig werden. Bäume, Sträucher und Kräuter wechseln langsam vom sanften, hellen Gelbgrün zu einem satten, kraftstrotzenden Grün. Mit Hilfe dieser erneuernden Kraft können wir uns gegen Frühjahrsmüdigkeit stärken. Man könnte auch mit den Alten von einer «Erneunernden Kraft» sprechen. Wohl kennen wir noch den Ausspruch «Ach, du grüne Neune», doch weiss heute kaum mehr jemand, dass es sich dabei um die neun frischen, grünen Kräuter handelt, die unter anderem die Gründonnerstagssuppe würzen. Ein Überbleibsel davon ist die im Frankfurter Raum bekannte Grüne Sauce aus sieben Kräutern in einer Sauerrahm-Joghurt-Sauce mit Ei, die zu Kartoffeln serviert wird und vorzüglich schmeckt. Die für diese Speisen verwendeten Frühlingskräuter haben eine reinigende und stärkende Wirkung auf den Organismus.

Verwöhnen Sie Ihren Gaumen! Reinigen und regenerieren Sie Ihren Körper im Rhythmus des neu anbrechenden Jahres, und pflegen Sie kleine Kultspeisen wie die Gründonnerstagssuppe (Seite 37), Variationen von Grüner Sauce (Seite 40) oder den Bärenstarken Bärlauchquark (Seite 49); ab Mitte April bis Anfang Juni sind Spargelgerichte angesagt. Eine zusätzliche Erhöhung des Getreideanteils in der täglichen Nahrung hilft dem Körper, sich zu reinigen und zu entschlacken. Dinkel und Grünkern sind dabei besonders zu empfehlen.

Eine «Aromakur» voller Lust und Laune für Körper und Seele.

Frühlingssalat (Rezept Seite 48) und Holunderblüten in Weinteig (Rezept Seite 49).

Die zum Frühling passenden naturreinen Aromen und Düfte

~ *Für den Anfang:* Mandarine, Orange, Vanille, Zitrone oder diverse andere Zitrusöle

~ *Zum Einstieg:* Dill, Estragon, Fenchel, grüner Pfeffer, Koriander, Melisse, Rosmarin, Zitronenthymian (Thymian-Linalol)

~ *Fürs Besondere und für den Profi:* Angelikawurzel, Bay, Brennessel, Heu, Muskatellersalbei

Frühlingshaftes Aroma- und Duftprofil

~ *Aufbrechende, prickelnde Erdigkeit mit einem leichten Hauch von ausstrahlender grüner, junger und luftiger Frische:* grün-krautige Noten, zarte Fruchtigkeit mit einer Spur Maihonigsüsse und feinem Blütenduft.

Saisongerecht einkaufen

~ *Gemüse:* Ackersalat (Feldsalat, Nüsslisalat), Brennessel, Bärlauch, Chicorée, junge Karotten, Kartoffeln, Kopfsalat, Knollensellerie, Kresse, Lauch, Löwenzahn, Mairübchen, Portulak, Radieschen, Rucolasalat (Rauke), grüner und weisser Spargel, Spinat

~ *Obst:* Äpfel, Erdbeeren, Rhabarber

Klassisches Vorostermenü zu Gründonnerstag

Vorspeise

Gründonnerstagssuppe – eine kräftigende Suppe mit neun frischen Kräutern gegen Frühjahrsmüdigkeit, dazu Gebindebrot mit Gründonnerstagsbutter

Hauptspeise

Grüne Sauce mit Frühlingskräutern, dazu gedämpfte Lorbeerkartoffeln

Gründonnerstagssuppe

Die «Neun-Kräuter-Suppe», wie sie mancherorts auch genannt wurde, hat bereits seit vorchristlicher Zeit unseren Ahnen zur Frühjahrskur gemundet. Auf jeden Fall ass man ein Gemüsegericht oder einen Salat aus neunerlei oder wenigstens siebenerlei Kräutern. Der würzige, vitamin-C-reiche Gundermann war Hauptbestandteil dieser Kultspeisen; er passt speziell gut in Frühlingssalate.

- Je 1 Handvoll Brennessel, Brunnenkresse, Gundermann, Gänseblümchen, Erdbeerblätter, Kerbel, Löwenzahn, Pimpernelle und Sauerampfer (notfalls durch Petersilie, Majoran, Schnittlauch, Thymian und andere Kräuter ersetzen)
- 5 Tropfen ätherisches Zitronenöl (fakultativ)
- 50 ml natives Öl oder 50 g Butter
- 200 g Dinkelmehl
- 1 l Gemüsebrühe (heiss)
- 200 g Sauerrahm
- ½ Zitrone
- 1 TL Dill-&-Co.-Würzölmischung (Seite 23)
- 2 Tropfen Brennesselessenz, in 1 TL Rahm eingebunden (fakultativ)
- Pfeffer und Salz

Die Kräuter waschen und sorgfältig verlesen. Auf einem mit dem ätherischen Zitronenöl eingeriebenen Schneidbrett fein wiegen oder schneiden; sie können auch im Mixer kurz püriert werden.

Öl oder Butter in einem tiefen Topf wärmen, das Mehl einrühren und mit einem Schneebesen geschmeidig rühren, sofort mit einer Kelle Gemüsebrühe ablöschen. Nach und nach die restliche Gemüsebrühe einrühren.

Alle gewiegten Kräuter in die Suppe einrühren und kurz aufköcheln lassen.

Am Schluss mit Sauerrahm, der Würzölmischung, der Brennesselemulsion sowie Salz und Pfeffer abschmecken.

Tip: Einige frische Kräuter zurückbehalten und kurz vor dem Servieren über die Suppe streuen.

Gebindebrot

Gebäck gehörte schon von jeher zu einem Fest. Der Osterfladen, ein handgeformtes Gebäck aus Hefeteig, galt als Symbol der Sonne. Die Oberfläche des runden Laibs bekam eine verzierende Sichelung oder kreuzweise Einschnitte. Mancherorts formte man auch Widderhörner oder geschlungene Teignudeln. Zum gebrochenen Gebindebrot wurden Sinnsprüche fürs kommende Jahr gesprochen. Sie können sich einen eigenen zeitgemässen Spruch ausdenken.

600 g Dinkelmehl (Typ 1050 oder fein geschrotetes Weizenmehl)
1 Päckchen Trockenhefe oder ½ Hefewürfel (20 g)
1 kräftige Prise Meersalz
1 Ei
50 g weiche Butter
2 EL natives Haselnussöl, darin 3 Tropfen ätherisches Korianderöl und 1 Tropfen Heuessenz (fakultativ) emulgiert
100 ml handwarme Milch

Die trockenen Zutaten (Mehl, Trockenhefe, Salz) in einer tiefen Schüssel mischen. In der Mitte eine Mulde bilden und das aufgeschlagene Ei hineingeben. (Falls Sie Frischhefe verwenden, diese zuvor in 3 Esslöffeln handwarmer Milch auflösen und 1 Teelöffel Honig dazurühren. Zum Ei in die Mulde geben.) Die weiche Butter in Flöckchen darüber verteilen und das aromatisierte Haselnussöl hinzugiessen.

In der Küchenmaschine mit den Knethaken oder von Hand auf einer bemehlten Arbeitsfläche durchkneten. Die Milch nach und nach dazugiessen, bis ein glänzender, elastischer Teig entsteht. (Eventuell wird nicht die ganze Menge Milch benötigt.)

Den Teig in die Schüssel zurückgeben und mit einem Tuch bedeckt etwa 1 Stunde ruhen lassen. Bei Zimmertemperatur (20–22 Grad) verdoppelt er sein Volumen in dieser Zeit; je wärmer der Raum ist, desto schneller geht dieser Vorgang. Der Teig muss vor Zugluft geschützt sein.

Den Teig anschliessend nochmals 5 Minuten kneten, mit dem Handballen flachdrücken, wieder zusammenfügen und erneut flachdrücken. Nun ist der Teig bereit zum Formen, Füllen und Belegen.

Vorschläge: Für Widderhörner den Teig zu 15 cm langen fingerdicken Würsten ausrollen, die Enden jeweils zu einer halben Schnecke drehen, den mittleren Teil in einem Bogen herabziehen. Sieht wie ein stilisierter Kopf mit gebogenen Hörnern aus.

Für verschlungene Zweige den Teig zu längeren Würsten von ca. 20 cm Länge ausrollen. In der Mitte beginnend, die beiden Stränge umeinander schlingen und die beiden Enden dann nach unten oder oben biegen.

Für ein Sonnensymbol den Teig zu einem flachen runden Fladen formen und daran als Strahlen kleine, flachgedrückte Würstchen ansetzen. In die Fläche der Sonnenscheibe nach Belieben ein Rautenmuster einritzen oder ein lachendes Sonnengesicht gestalten.

Für einen Zopf drei oder vier dicke Würste rollen, an einem Ende zusammenfassen und zu einem Zopf flechten, indem man die erste Teigwurst über die zweite legt, dann die dritte über die zweite, die vierte über die dritte usw.

Das Gebäck auf ein gefettetes und mit Mehl bestäubtes Blech setzen und mit einem Tuch bedeckt nochmals 15–20 Minuten gehen lassen.

Den Backofen auf 200 Grad vorheizen. Zopf und Sonnenfladen 35–45 Minuten, kleine Gebindebrote 25–35 Minuten backen.

Nach Belieben das Gebäck 10 Minuten vor Ende der Backzeit mit einem Eigelb, das mit 1 Tropfen ätherischem Korianderöl versetzt und mit etwas Wasser verdünnt wurde, bestreichen. Es erhält dadurch eine schöne Farbe.

Tip: Dieser Teig ist auch ideal für Pizza, sollte dann aber einen Tag im voraus zubereitet werden.

Gebindebrot und eingelegte Oliven (Rezept Seite 62).

Gründonnerstagsbutter und Kräuterbuttervariationen

1 Handvoll verschiedener Frühlingskräuter
200 g Butter
3 Tropfen ätherisches Zitronenöl
2 Tropfen ätherisches Korianderöl
2 Tropfen ätherisches Pfefferöl
1 Prise Salz

Auf einem Küchenbrett 2 Tropfen Zitrusöl einreiben und darauf die Kräuter fein wiegen.

Die Butter handwarm erwärmen, die restlichen ätherischen Öle über einen Teelöffel in die Butter träufeln und mit dieser emulgieren. Mit Salz nachwürzen. Die aromatische Kräuterbutter wieder erkalten lassen, in Buttermodel oder in einfache Portionsschälchen füllen.

Variante: Dieses Butterrezept kann beliebig je nach Jahreszeit und Gelegenheit verändert werden, zum Beispiel mit ätherischem Orangen- und Lemongrassöl für Spargelgerichte oder mit Blüten und ätherischen Ölen für süsse Cremen, Griessflammeris und vieles mehr.

Generell rechnet man auf 50 g Butter ca. 3–5 Tropfen ätherisches Öl. Beispielsweise ist eine Mischung von 50 g zimmerwarmer Butter mit 2 Tropfen ätherischem Rosmarinöl und 1 Tropfen Oreganoöl ideal für im Rohr gebackene junge Kartoffeln oder Aufläufe, Nudeln, zartes gedünstetes Gemüse oder einfach einen Brotaufstrich. Raffiniert ist eine Mischung von 1 Tropfen ätherischem Minzöl und

2 Tropfen grünem Pfefferöl auf 80 g Butter. Flocken dieser Butter, auf jungen Kaiserschoten (Kefen), Erbsen- oder Bohnengemüse zerlassen, geben dem Gemüse einen wunderbar frischen, minzigen Geschmack; soll dieser noch kräuteriger sein, der Mischung noch 1 Tropfen ätherisches Bergbohnenkrautöl zufügen. Die Buttermischung passt auch gut zu grilliertem Fleisch oder Steaks.

Eine aromatische Kräuterbutter im Kühlschrank verfeinert jedes Essen.

Grüne Sauce mit Frühlingskräutern

Zur berühmten Frankfurter Sauce, die im Orginalrezept mit selbstgemachter Mayonnaise angerührt wird, gehören sieben klassische Kräuter: Petersilie, Schnittlauch, Dill, Kerbel, Borretsch, Sauerampfer und Pimpinelle. Hier eine leichte Variante mit feinem Aroma.

- Je 1 Handvoll frische Petersilie, Schnittlauch, Dill, Kerbel, Borretsch, Sauerampfer und Pimpinelle (insgesamt mindestens 5 Handvoll)
- 250 g Sauerrahm
- 2 EL Dill-&-Co.-Würzölmischung (Seite 23)
- 2–3 Tropfen ätherisches Zitronenöl
- 1 Tropfen ätherisches Grapefruitöl
- 250 g Joghurt
- 1 kräftige Prise Kräutersalz und Pfeffer
- 2–3 hartgekochte Eier

Die Kräuter auf einem mit ätherischem Zitronenöl beträufelten Küchenbrett fein wiegen und dann im Mixer fein pürieren.

Den Sauerrahm mit den ätherischen Ölen versetzen, mit dem Joghurt vermischen. Das Kräuterpüree beifügen und gründlich unterrühren. Mit Kräutersalz und Pfeffer abschmecken.

Die hartgekochten Eier in kleine Würfel schneiden und unter die grüne Sauce ziehen.

Tip: Die Grüne Sauce passt hervorragend zu Kartoffeln in der Schale, dazu kann nach Belieben gekochtes Rindfleisch gereicht werden.

Gedämpfte Lorbeerkartoffeln

- 1/2 l Wasser
- 500 g junge Frühkartoffeln
- 1 Lorbeerblatt
- 1 kräftige Prise Meersalz
- 1 TL Dillerlei-Würzölmischung (Seite 23; fakultativ)
- 3 Tropfen ätherisches Lorbeeröl

Das Wasser zum Kochen bringen. Die gewaschenen Kartoffeln, das Lorbeerblatt und Meersalz dazugeben und bei mittlerer Hitze 15–20 Minuten köcheln lassen.

Das Würzöl mit dem Lorbeeröl versetzen und für die letzten 2 Minuten ins ausköchelnde Wasser geben, so dass das feine Aroma noch einzieht. Zudecken!

Leichtes Frühlingsmenü

Ein Menü, das für gute Stimmung und Ausgleich im Hormonhaushalt sorgt – ein wahres Frühlingserwachen für alle Sinne. Das Menü eignet sich für festliche Gelegenheiten oder einzelne Speisen daraus für die einfache und schnelle Küche.

Wer Lust und Musse hat, kann sich mit einem frühlingshaften Duftzauber nach altägyptischem Vorbild aufs Essen einstimmen – ein kleines Stück Aromakultur.

Zum Aperitif

Frühlingsaroma-Duftbecher

Vorspeise

Schlanke Spargel im Blätterteigmantel mit leichter Lemon-Orangen-Hollandaise
Als Hauptspeise verdoppeln Sie die Mengen, und reichen dazu junge Kartoffeln und eine aromatische Portweinsauce, Seite 96–97, oder eine leichte Lemon-Orangen-Hollandaise.

Hauptspeise

Aromagedämpftes Truthahnfilet an Muskatellersalbeisauce, dazu glasierte Morchel-Orangen-Karotten und Basmati-Wildreis mit ätherischem Bayöl

Dessert

Rosige Schlüsselblumeneiscreme

Frühlingsaroma-Duftbecher

Zur Einstimmung oder zum Ausklang einer Mahlzeit.

Sie können den Duftbecher nach altem ägyptischem Vorbild, wie auf Seite 71 beschrieben, reichen oder für eine moderne Version eine Duftlampe benutzen.

Rezeptur für eine Frühlingssymphonie:

- 2 EL Orangenblütenwasser (Hydrolat)
- 2 Tropfen ätherisches Petit-grain-Öl
- 1 Tropfen ätherisches Neroliöl
- 1 Tropfen ätherisches Rosenholzöl

Das Orangenblütenwasser in eine tiefe Duftlampenschale geben und mit Wasser auffüllen. Darauf die ätherischen Öle träufeln.

Wenn Sie nun die Duftlampe anzünden, durchzieht ein wunderbarer Frühlingshauch den Raum und beduftet ihn zart.

Schlanke Spargel im Blätterteigmantel

16 Spargel, grün oder weiss
ca. 1 l Wasser
2 Scheiben Zitrone, ungespritzt
1 Prise Meer- oder Kräutersalz
1 Prise Rohrzucker oder 1 Spur Honig
3 Tropfen ätherisches Orangenöl
2 Tropfen ätherisches Lemongrassöl

Füllung und Blätterteigmantel:
3 EL Sauerrahm oder weicher Frischkäse
3–5 Tropfen fertig gekaufte Capri-Würzessenz oder 2 TL Capri-Würzölmischung (Seite 24)
2 Tropfen ätherisches Zitronenöl
3 Tropfen ätherisches Orangenöl
1 Tropfen ätherisches grünes Pfefferöl oder ½ Tropfen ätherisches Muskatnussöl (nach Belieben für eine raffinierte Note)
ca. 450 g Blätterteig
24 grosse gedämpfte Spinat- oder 8 Mangoldblätter oder 8 dünne Scheiben gekochter Schinken oder Parmaschinken
1 Eigelb
2 EL Wasser

Leichte Lemon-Orangen-Hollandaise zu kalten gegarten Spargeln.

Die Spargelstangen waschen und schälen (grünen Spargel nur am unteren Ende). Das Wasser in einer weiten, hohen Pfanne oder im Spargelkochtopf aufkochen. Die Zitronenscheiben, Salz und Rohrzucker oder Honig beigeben. Weisse Spargel 15–20 Minuten, grüne Spargel 10–12 Minuten auf kleinem Feuer knapp weich kochen. In den letzten 3–5 Minuten die ätherischen Öle hineinträufeln und zugedeckt ausköcheln lassen. Das frische, fruchtige Aroma wird vom Spargel sanft aufgenommen.

Den Sauerrahm oder Frischkäse bereitstellen. Die Würzessenzen zuerst auf einen Teelöffel träufeln und dann gründlich mit dem Sauerrahm verrühren; falls Sie mit der Würzölmischung arbeiten, die übrigen ätherischen Öle über einen zweiten Teelöffel in die Würzölmischung träufeln und dann unter den Sauerrahm rühren.

Den Blätterteig falls nötig ausrollen und in 8 rechteckige Stücke von 10 x 10 cm schneiden. Die blanchierten Spinat- oder Mangoldblätter oder pro Boden eine Scheibe (Parma-)Schinken auf die Blätterteigstücke legen. Den aromatisierten Sauerrahm daraufstreichen und je zwei Spargel darauflegen. Die Teigränder mit Eigelb bestreichen, den Blätterteig über die Spargel schlagen, seitlich einschlagen und etwas andrücken.

Den Ofen auf 200–220 Grad vorheizen.

Die Teigtaschen mit der Nahtseite nach unten auf ein mit Backpapier belegtes Blech legen. Die Teigoberseite mit Eigelb bestreichen und zur Dekoration nach Belieben mit einem Messer einen Spargel einritzen.

Das Blech in den vorgeheizten Ofen schieben und die Spargel im Blätterteig etwa 15 Minuten überbacken.

Lemon-Orangen-Hollandaise

Die Menge dieser Sauce ist für eine Vorspeise für vier Personen berechnet. Wer sich statt dieser üppigeren eine schlankere Begleitung zum Spargel wünscht, findet nebenstehend eine leichte Hollandaise-Version.

- 150 g Butter
- 1 kleine Schalotte oder Zwiebel
- 2 Tropfen ätherisches Lemongrassöl oder Zitronenöl
- 150 ml Weisswein
- etwas gemahlener Pfeffer
- 2 Eigelb
- 1 kleine Prise Meersalz und Rohrzucker oder wenig Honig
- Saft von 1/4 Zitrone
- 150 ml Gemüsebrühe oder Spargelbrühe
- 3 Tropfen Capri-Würzessenz oder 2 Tropfen ätherisches Orangen- und 1 Tropfen Zitronenöl

Die Butter in Stücke schneiden, bei mittlerer Hitze schmelzen und einmal richtig aufkochen lassen. Die Butter stehen lassen, bis sie lauwarm ist und die Molke sich abgesetzt hat.

Auf einem mit 2 Tropfen Zitronenöl eingeriebenen Küchenbrett die Schalotte oder Zwiebel fein hacken. Zusammen mit etwas Pfeffer zum Weisswein geben und auf 4 Esslöffel einköcheln. Erkalten lassen.

Die einreduzierte Weinsauce durch ein Sieb passieren, dann mit Eigelb, Salz und Zitronensaft verquirlen. Bei mittlerer Hitze zart erwärmen. Die Butter abschäumen und zuerst tropfen- dann teelöffelweise unter die Sauce schlagen; die Molke zurücklassen. Die Sauce wieder erhitzen, aber nicht kochen! Falls nötig, den Topfboden in Eiswasser abkühlen, damit sie nicht gerinnt. Die ätherischen Öle einrühren. Falls die Sauce zu dick wird, wenig Spargel- oder Gemüsebrühe unterrühren. Mit etwas Pfeffer und Salz abrunden.

Tip: Sollte die Sauce trotz aller Vorsichtsmassnahmen ausflocken, 1–2 Esslöffel Eiswasser unterschlagen, damit sie wieder glatt wird.

Kalorienbewusste Variante:
Leichte Lemon-Orangen-Hollandaise

Diese aromatische Hollandaise ohne Eier kann als Ersatz für eine selbstgemachte Mayonnaise dienen. In diese Kategorie gehört auch die Minzomayo von Seite 64, die eher für sommerliche Gerichte geeignet ist.

- 100 g Cremejoghurt
- 1 EL Dinkelflocken (ergibt einen feineren Geschmack) oder Hefeflocken
- 2–3 EL (20 ml) Distel-, Haselnuss-, Sonnenblumen- oder Olivenöl
- 2 Tropfen ätherisches Lemongrassöl oder von den anderen Ölen entsprechend mehr
- 3 Tropfen Capri-Würzessenz oder 2 Tropfen ätherisches Orangen- und 1 Tropfen Zitronenöl
- Saft von 1/4 Zitrone
- Pfeffer, gemahlen
- 1 zarte Prise Meersalz

Die Dinkelflocken gut unter den Joghurt arbeiten.

In einem Esslöffel des gewünschten Trägeröls die ätherischen Öle emulgieren und nach und nach tropfenweise mit dem Schneebesen in den Joghurt einrühren. Verdünnen Sie die Masse zwischendurch mit etwas Zitronensaft, und fügen Sie tropfenweise noch etwas Trägeröl bei; dabei immer kräftig weiterrühren, bis die Masse luftig und cremig wird.

Tip: Diese leichte Hollandaise kann auch als erfrischendes Dressing für Salate aller Art oder als Dip zu rohem Gemüse dienen.

Variation: Die Lemon-Orangen-Hollandaise kann auch als Salatsauce zu gegarten kalten Spargeln gereicht werden. Spargeln dritteln und in einer Schale servieren. (Bild Seite 42.)

Aromagedämpftes Truthahnfilet an Muskatellersalbeisauce mit glasierten Morchel-Orangen-Karotten

Das Fleisch und das Gemüse wird in diesem Rezept parallel zubereitet. Zum Dämpfen benötigen Sie einen Topf, auf den – am besten – ein asiatischer Bambusdämpfer, ein Dämpfkörbchen oder Dämpfsieb aus Metall passt. Notfalls geht's auch auf dem Dämpfeinsatz im Dampfkochtopf (ohne Druck!).

- 2 Truthahnbrüstchen
- 2 EL trockener Weisswein
- 2 TL Provençale-Würzölmischung, Seite 24, oder 3 Tropfen fertig gekaufte Provençale-Würzessenz
- 500 g Karotten
- 300 ml Gemüsebouillon
- 2–3 Tropfen ätherisches Muskatellersalbeiöl

Muskatellersalbeisauce:

- 2–3 Tropfen ätherisches Muskatellersalbeiöl
- 2 Tropfen ätherisches grünes Pfefferöl
- 100 ml Rahm
- Salz und Pfeffer nach Bedarf

Morchel-Orangen-Karotten:

- 250 g frische oder 25 g getrocknete Morcheln
- 1 EL Sonnenblumenöl oder Butter
- 1/4 l Karottensaft oder Gemüsebouillon
- 1 EL trockener Weisswein oder Zitronensaft
- 2 EL Orangen-Lemongrass-Tamari, Seite 26, oder 3–5 Tropfen fertig gekaufte Capri-Würzessenz oder 2 Tropfen ätherisches Zitronenöl und 3 Tropfen ätherisches Orangenöl
- 1 Tropfen ätherisches Karottensamenöl (fakultativ)
- 1 Bund glatte Petersilie

Die Truthahnbrüstchen je nach Grösse in kleinere Filetstücke schneiden. Den Weisswein mit 1 Teelöffel Provençale-Würzölmischung zu einer Marinade rühren und das Fleisch darin gut wenden, zugedeckt kurz ruhen lassen.

Die Karotten putzen und schräg in feine Scheiben schneiden. In einen Kochtopf geben, auf den ein Dämpfaufsatz passt. Die Gemüsebouillon darübergiessen und erhitzen. In der Zwischenzeit plazieren Sie die vorbereiteten Filetstreifen im Dämpfaufsatz, setzen ihn über die Karotten, decken den Topf zu und lassen beides etwa 10 Minuten im bzw. über dem ständig leicht köchelnden Sud garen. Danach die Karotten herausnehmen und warm stellen.

Eventuell Gemüsebouillon in den Topf nachgiessen, der Boden muss gut bedeckt sein, und darauf direkt das Muskatellersalbeiöl und die restliche Provençale-Würzessenzmischung träufeln. Den Dämpfaufsatz sofort wieder auf den Topf setzen und die Filetstreifen noch weitere 3 Minuten darin aromadämpfen. Das Fleisch wird zusätzlich von dem angenehmen Aroma fein durchzogen.

Für die Sauce die Flüssigkeit im Topf etwas einkochen lassen. Auf einen Teelöffel 2–3 Tropfen Muskatellersalbeiöl und, falls verwendet, 2 Tropfen ätherisches grünes Pfefferöl träufeln und direkt in den Rahm einrühren (emulgieren). Den aromatisierten Rahm in den eingekochten Sud rühren und bei Bedarf noch mit Salz und gemahlenem Pfeffer abrunden.

Frische Morcheln gut reinigen und grosse halbieren, getrocknete Morcheln zehn Minuten in heissem Wasser einweichen und abtropfen lassen. In einer Pfanne Sonnenblumenöl oder Butter zerlassen, die Morcheln hineingeben und darin kurz anbraten, die warmgestellten Karotten beigeben und mitdünsten. Mit Karottensaft oder Gemüsebouillon ablöschen, leicht einköcheln lassen.

Im Weisswein das Orangen-Lemongrass-Tamari auflösen oder, wenn dieses nicht zur Verfügung steht, die Capri-Würzessenzmischung oder ersatzweise ätherisches Zitronen- und Orangenöl auf einen Teelöffel träufeln und dann im Wein emulgieren. Zur Verfeinerung kann noch ätherisches Karottensamenöl hinzugegeben werden. Nehmen Sie das Gemüse vom Feuer, und rühren Sie den aromatisierten Wein am Ende der Kochzeit unter. Falls nötig, die Sauce mit etwas Stärkemehl, Kuzu oder Pfeilwurzelmehl andicken.

Truthahnfilet an Muskatellersalbeisauce, mit Avocadomousse variiert (Rezept Seite 94).

Die Petersilie eventuell auf einem Schneidbrett, das mit Capri-Würzmischung oder Zitronenöl eingerieben wurde, hacken und beigeben.

Das Gemüse mit Petersilie oder Kresse dekorieren; für ein Ostermenü können Sie aus 2 Toastscheiben kleine Osterhäschen ausstechen, diese in der Pfanne in etwas Öl oder Butter von beiden Seiten goldbraun rösten und dazu servieren.

Tip: Falls kein Dämpfaufsatz verfügbar ist, kann das Truthahnfilet als Ganzes in der Pfanne gebraten und dann in dünne Scheiben geschnitten werden. Am Schluss mit Muskatellersalbeisalz würzen. Den Bratensaft für die Sauce verwenden.

Schnellvariante: Das Gemüse statt als Beilage einfach nur auf Toast servieren.

Basmati-Wildreis mit ätherischem Bayöl

Was für uns das tägliche Brot, ist für die Asiaten der tägliche Reis. Der edelste, Duft- oder Basmatireis genannt, duftet sogar etwas nach Jasmin.

- 200 g Basmati- oder Duftreis
- 50 g Wildreis
- ½–¾ l Gemüsebouillon oder Wasser
- 2–3 Tropfen ätherisches Bayöl (ersatzweise Korianderöl)
- 2 EL Sonnenblumenöl
- 1 Prise Meersalz

Den Reis waschen und mit der Gemüsebouillon oder dem Wasser aufköcheln. 20–25 Minuten ohne Salz (sonst wird der Reis nicht weich!) leicht köcheln lassen. Das ätherische Öl in das Sonnenblumenöl einrühren und zusammen mit dem Salz und eventuell nochmals etwas Gemüsebouillon, solange noch etwas Flüssigkeit im Topf ist, zum Reis geben und diesen noch etwa 5 Minuten fertig garen.

Zum Servieren gibt man auf jeden Teller eine Kelle Basmati-Wildreis, eine Kelle Morchel-Orangen-Karotten, mit gehackter Petersilie bestreut, und einige Truthahnfiletstreifen, die mit Muskatellersalbeisauce überzogen werden.

Rosige Schlüsselblumeneiscreme

- 1 Handvoll Schlüsselblumenblüten
- ½ l Milch
- 5 Eigelb
- 80 g Akazienhonig oder Rohrzucker
- 200 g Schlagrahm
- 2–4 Tropfen fertig gekaufte Capri-Würzessenzmischung oder 2 Tropfen ätherisches Orangen- und 1–2 Tropfen Zitronenöl
- 1–1½ EL Rosenwasser oder Orangenblütenwasser (Hydrolat)
- 3 Tropfen Kakaoessenz
- frische oder kandierte Schlüsselblumen- oder Rosenblüten zum Garnieren

Die Schlüsselblumenblütenblätter verlesen und waschen. Zwischen zwei Lagen Küchenkrepp, wovon eine mit 2 Tropfen ätherischem Orangenöl beträufelt wurde, abtropfen und trocknen. In einem Topf die Milch mit den Schlüsselblumenblüten aufkochen und zugedeckt etwa 15 Minuten darin ziehen lassen.

Eigelb und Akazienhonig in einer feuerfesten Form schlagen, bis die Masse leicht schaumig wird.

Die Blütenblätter aus der Milch absieben. Die Milch nochmals leicht köcheln lassen, etwas Milch (ca. 1–2 Esslöffel) abnehmen und mit der aufgeschlagenen Eimasse verrühren. Dann die Eimasse in die heisse Milch einrühren. Die Hitze stark reduzieren und die Creme so lange behutsam rühren, bis sie dick wird. Abkühlen lassen.

Den Schlagrahm schlagen, bis er fast steif ist. Die ausgewählten Essenzen auf einen Teelöffel träufeln, zum Schlagrahm geben und darin emulgieren. Vorsichtig das Rosen- oder Orangenblütenwasser unterziehen und den Rahm weiter steif schlagen. Den aromatisierten Schlagrahm unter die abgekühlte Creme ziehen und in der Eismaschine oder im Tiefkühler gefrieren lassen.

Zum Servieren mit dem Eisportionierer Kugeln abstechen oder ovale Nocken formen, auf Tellern anrichten und mit kandierten oder frischen Blüten verzieren. Die Eiskugeln können auch auf einem Fruchtspiegel angerichtet werden (siehe Seite 57). Es passt dazu auch der Nerolirahm, Seite 74.

Für den kleinen Appetit

Aperitif

Kräuter-Sprossen-Aromashake

Hauptspeise

Frühlingssalat, wahlweise mit eingelegtem Ziegenkäse oder Ricotta, dazu selbstgebackenes Aromaknäckebrot mit gewürzter Kräuterbutter, Seite 39–40, dem Bärenstarken Bärlauchquark oder aromatischem Schnittlauchquark

Dessert

Holunderblüten in Weinteig mit Minz-Orangen-Sirup

Frühlingsgetränke

Holunderblüten-Limonade und -Schaumwein, Schlankheitstrunk, Rhabarber-Tisane Angélique

Kräuter-Sprossen-Aromashake

Dieser Frühlingserneuerungscocktail – ein wahrer Energiedrink – eignet sich für verschiedene Gelegenheiten und lässt sich in unterschiedlichsten Variationen zubereiten.

- ½ l Buttermilch oder Schwedenmilch
- 100 ml Sojamilch
- 5 EL Sprossen (Kresse, Alfalfa oder Petersilie)
- 100 ml Karottensaft, Rote-Bete-Saft (Randensaft) oder anderer Gemüsesaft (fakultativ)
- 3 Tropfen Capri-Würzessenz oder entsprechend mehr Mandarinenöl
- 2 Tropfen ätherisches grünes Mandarinenöl
- 3 Tropfen ätherisches grünes Pfefferöl
- 1 EL Ahornsirup
- 1 EL gehackte Petersilie

Butter- und Sojamilch mit den Sprossen im Mixer kurz anmixen. Mit dem Gemüsesaft vermischen. Die ätherischen Öle im Ahornsirup emulgieren und innig mit den übrigen Zutaten verquirlen.

Vor dem Servieren das Getränk kühlen. Den Glasrand von Longdrinkgläsern mit Zitronensaft anfeuchten und dann in gehackte Petersilie tauchen. Die Gläser 30 Minuten ins Eisfach stellen und dann den Kräuter-Sprossen-Aromashake in die geeisten Gläser füllen.

Tip: Falls Sie zu Hause Weizengras ziehen, pressen Sie 2 Esslöffel Weizengrassaft und geben Sie sie dazu – er ist äusserst vitaminreich und macht frühlingsfit!

Variation: Den Aromashake mit 2 Esslöffel Mandarinen-Orangen-Sirup, Seite 28, oder einem Würzhonig Ihrer Wahl aromatiseren.

Frühlingssalat mit Ziegenkäse oder Ricotta

- Je 1 rote und grüne Paprika (Peperone)
- 1 Kopf grüner Salat oder Frühlingssalate wie Rucola (Rauke), Portulak, Löwenzahn
- 2 Tropfen ätherisches Zitronenöl
- 1 Schalotte oder kleine Zwiebel

Salatsauce:

- 1 TL O-sole-mio-Würzölmischung, Seite 23
- 1 Tropfen ätherisches günes Pfefferöl (fakultativ)
- 5 Tropfen ätherisches Zitronenöl
- 4 EL Olivenöl
- Saft von 1 Zitrone oder 1 EL Himbeeressig, Seite 100
- 1 kräftige Prise Meersalz
- 100 g frischer Ziegenkäse oder Ricotta
- ½ Handvoll Blüten (Gänseblümchen, Schlüsselblumen usw.), falls vorhanden
- 2 Handvoll frische Frühlingskräuter
- gerösteter Sesam (fakultativ)

Die Paprika säubern und waschen, in Streifen schneiden. Den Salat waschen, zerkleinern und trockenschleudern. Ein Küchenbrett mit 2 Tropfen Zitrusöl einreiben und darauf die Schalotte oder Zwiebel sehr klein schneiden.

Die Würzölmischung und die ätherischen Öle mit dem Olivenöl emulgieren. Den Zitronensaft oder Himbeeressig dazumischen. Mit Salz abschmecken.

Den Ziegenkäse in kleine Würfel schneiden, Ricotta zerbröseln und in der Salatsauce marinieren.

Den Salat mit der Salatsauce und den marinierten Ziegenkäsewürfeln anmachen.

Die Hälfte der Blüten und die Kräuter auf dem zuvor eingeträufelten Schneidbrett fein hacken und zusammen mit dem gerösteten Sesam über den Salat streuen. Die restlichen Blüten als Garnitur verwenden. (Bild Seite 34, ohne Ziegenkäse bzw. Ricotta.)

Aromaknäckebrot

Eine supereinfache, schlanke Erfindung von meiner Freundin Eva. Die ätherischen Öle unterstützen das backfeine Aroma. Für jede Zwischenmahlzeit geeignet oder für unterwegs, den kleinen Hunger oder wenn es einmal schnell gehen soll. Ein Blech füllt eine beachtliche Dose für den Vorrat.

- 1 TL Salz
- 5 Tropfen ätherisches Korianderöl
- 3 Tropfen grünes oder schwarzes Pfefferöl
- 125 g feine Haferflocken (es können auch andere Flocken sein)
- 25 g Weizen-, Dinkel- oder 6-Korn-Schrot
- 400 ml Wasser
- je 40 g Sesam, Mohn, Sonnenblumenkerne (oder Koriander, Kümmel und Kürbiskerne)

Um das Koriander-Pfeffer-Salz herzustellen, träufeln Sie in 1 Teelöffel Salz 5 Tropfen ätherisches Korianderöl und 3 Tropfen grünes oder schwarzes Pfefferöl, gut vermengen.

Haferflocken, Weizenschrot, Wasser und das Koriander-Pfeffer-Salz gut miteinander vermengen und 1 Stunde quellen lassen.

Nach der Quellzeit Sesam, Mohn und Sonnenblumenkerne (oder Koriander, Kümmel, Kürbiskerne) beifügen und in den Teig einrühren.

Den Ofen auf 175 Grad vorheizen.

Den Teig auf ein mit einer Würzölmischung oder mit einem neutralen Öl eingefettetes Blech streichen und im vorgeheizten Ofen 50–60 Minuten backen. Nach 10 Minuten den Teig in Rechtecke einschneiden.

Bärenstarker Bärlauchquark

- 20 g Butter (Zimmertemperatur)
- 1 EL Brennessel-, Estragon- oder einfacher Senf
- 1 TL Dinkel- oder Hefeflocken
- 250 g Quark
- 1 Handvoll Bärlauch, Brennesseln oder Schnittlauch
- 1 TL O-sole-mio-Würzölmischung, Seite 23
- 3 Tropfen ätherisches Zitronenöl
- 3 Tropfen ätherisches Grapefruitöl (fakultativ)
- wenig Zitronensaft
- Salz

Die weiche Butter zusammen mit dem Senf schaumig schlagen. Unter ständigem Rühren die Dinkel- oder Hefeflocken einstreuen. Nach und nach den Quark einarbeiten, bis die Masse luftig und homogen ist.

Den Bärlauch auf einem mit 2 Tropfen Zitrusöl beträufelten Schneidbrett fein hacken.

Die Würzölmischung mit den restlichen ätherischen Ölen emulgieren und zusammen mit dem vorbereiteten Bärlauch in den Quark einarbeiten. Mit Zitronensaft und Salz nach Wahl abrunden – schmeckt auch ohne Salz wunderbar aromatisch.

Serviervorschlag für ein Buffet: Eine Platte an einer Ecke mit Frühlingskräutern auslegen, mit 2 eingeschnittenen Zitronenscheiben und kleinen Cocktailtomaten dekorieren. Canapés, kleine Brötchen, Cracker oder Blätterteighütchen darauf auslegen und den Bärlauchquark mit einem Spritzbeutel mit grosser Tülle aufspritzen. Mit Kresse, Sprossen oder Kräutern garnieren.

Holunderblüten in Weinteig

Statt der Holunderblütendolden kann man auf dieselbe Weise auch Brennesselblätter, Minze, Zitronenmelisse, Salbei oder Bachminzensprossen ausbacken. Dann wird der Honig durch eine Prise Salz ersetzt; auch die Holunderblüten können Sie zur Abwechslung einmal mit einem salzigen Teig ausbacken.

- 2 Eier
- 1/8 l Weisswein
- 3 Tropfen Vanilleessenz
- 3 Tropfen ätherisches Grapefruitöl
- 3 Tropfen ätherisches Bergamotteöl
- falls vorhanden, 1 EL Holunderblütenwasser, dann von jedem ätherischen Öl 1 Tropfen weniger
- 125 g Dinkelvollkornmehl
- 1 TL Honig oder 1 kräftige Prise Salz
- 8 Holunderblütendolden
- Erdnussöl oder Bratfett zum Ausbacken

Eigelb vom Eiweiss trennen. Das Eigelb und den Wein mit den ätherischen Ölen emulgieren, das Holunderblütenwasser dazugeben und kräftig einrühren. Dann das Mehl und den Honig oder das Salz gut daruntermischen und den Teig ruhen lassen.

In der Zwischenzeit das Eiweiss steif schlagen und unterheben.

Die Holunderblütendolden behutsam waschen und mit Küchenkrepp trockentupfen. Am Stengel fassen, in den Teig tauchen und in einer Pfanne in heissem Öl knusprig ausbacken.

Auf Tellern anrichten. Mit Minz-Orangen-Sirup (Seite 50), einem anderen Sirup oder nur mit Honig beträufeln. (Bild Seite 34.)

Minz-Orangen-Sirup

50 ml Ahornsirup oder Akazienhonig
8 Tropfen Pfefferminzöl
5 Tropfen ätherisches Orangenöl

In den bereitgestellten Ahornsirup oder Akazienhonig träufeln Sie das Pfefferminzöl und das ätherische Orangenöl. Fertig ist eine erfrischende Sirupmischung mit einem minzigen Orangengeschmack.

Tip: Geeignet für Bowlen, Cremen, Desserts, Drinks, Eis, Eiswürfel, Früchte, Gebäck, Sorbets und Säfte. Sie können den Sirup teelöffelweise für selbstgekochten Eistee aus Pfefferminze und Schwarztee verwenden oder den Boden von kleinen Eiswürfelbehältern damit ausgiessen, ein Minzblatt hineinlegen und mit Wasser aufgiessen. Diese Eiswürfel müssen allerdings innerhalb von ein, zwei Tagen verwendet werden, sonst werden die Minzblätter schwarz. Für längere Haltbarkeit die Minzblätter später in das Getränk geben.

Verschiedene Liköre und Sirupe.

Holunderblüten-Limonade und -Schaumwein

- 6–8 Holunderblütendolden, voll erblüht, am besten an einem trockenen Tag gepflückt
- 2 ungespritzte Zitronen
- 500 g Honig oder Rohrzucker
- 10 Tropfen Vanilleessenz
- 15 Tropfen ätherisches Grapefruitöl (fakultativ)
- 3 EL Wein- oder Obstessig
- 5 EL Holunderblütenwasser
- 5 l Quellwasser, Wasser guter Qualität (gereinigtes Wasser) oder Mineralwasser

Die Blütendolden, den Saft und die abgeschälte Schale der Zitrone (ohne die bittere weisse Haut) in eine grosse Schüssel geben.

Die ätherischen Öle im Honig lösen, zusammen mit dem Essig und dem Holunderblütenwasser dazugeben und mit dem kalten Wasser aufgiessen. Gut umrühren. 24 Stunden ziehen lassen, gelegentlich umrühren.

Für Limonade kann man das Getränk bereits nach einem bis zwei Tagen absieben und in Krüge füllen.

Für Holunderblütenschaumwein die Flüssigkeit nach einem Tag durch ein feinmaschiges Sieb in einen Krug giessen, in Flaschen umfüllen und fest verkorken. Nach zwei Wochen hat man einen Schaumwein, der köstlich schmeckt.

Schlankheitstrunk

Wer sich gerade ernsthaft einer Frühlingsfastenkur unterzieht und deshalb auf all die süssen Köstlichkeiten verzichten muss, kann ein Glas Quell- oder Mineralwasser mit einigen Klatschmohnblüten tönen, mit ½ Teelöffel Holunderblütenwasser, Orangenblüten- oder Rosenhydrolat verfeinern und einige Erdbeerstücke darin schwimmen lassen. Klatschmohnblüten haben kaum Eigengeschmack, geben aber sehr viel Farbe.

Tip: Füllen Sie in eine Flasche soviel wie möglich von den Blüten, und giessen Sie diese mit Branntwein auf, versetzen sie diesen noch mit ätherischen Ölen Ihrer Wahl. Ein paar Tropfen oder Teelöffel dieser Mischung reichen oft schon zum Färben einer Speise.

Rhabarber-Tisane Angélique

- 500 g junge schöne Rhabarberstengel
- 120 g Akazienhonig
- 3 Tropfen ätherisches Angelikaöl oder Vanilleessenz oder ganz weglassen
- 3 Tropfen ätherisches Grapefruitöl oder Capri-Würzessenzmischung
- 5 Tropfen ätherisches Orangenöl
- 2 l kochendes Wasser

Schneiden Sie die Rhabarberstengel in 2 cm grosse Stücke, geben Sie diese in eine weite Glas- oder Keramikschüssel. Versetzen Sie 20 g des Honigs mit den ätherischen Ölen, und verrühren sie diesen Aromahonig kräftig. Den restlichen Honig zum Rhabarber geben und mit dem kochenden Wasser übergiessen.

Wenn der Sud etwas abgekühlt ist, den Aromahonig unterziehen und dann mit Klarsichtfolie zudecken und 1–2 Tage stehen lassen.

Die Flüssigkeit absieben. Gut gekühlt etwa halb halb mit Mineralwasser, Apfelsaft, Orangensaft oder Sekt aufgiessen und mit ein paar aromatischen Frühlingsblüten oder -blättern garniert servieren.

Sommer

Sinne und Sinnlichkeit

«Die Menschen bei dir zu Hause», sagte der kleine Prinz, «züchten fünftausend Rosen in ein- und demselben Garten, und doch finden sie dort nicht, was die suchen.»
«Sie finden es nicht», antwortete ich.
«Und dabei kann man das, was sie suchen in einer einzigen Rose oder in ein bisschen Wasser finden.»
«Ganz gewiss», antwortete ich.
«Aber die Augen sind blind. Man muss mit dem Herzen suchen.»

Antoine de Saint-Exupéry, Der kleine Prinz

Der frühsommerliche Duft von Blüten und Beeren, Früchten und Samen umweht in dieser Jahreszeit unsere nach Abwechslung und Neugier dürstende Nase. Die Rose als Symbol der Sinnlichkeit und Inbegriff der Wohlgerüche hält jetzt ihre Duftfülle bereit.

Unsere Vorfahren wussten noch mehr über die Verbindung zwischen Pflanze und Mensch, und so hatte die Rose auch in den mittelalterlichen Gesundgärten, *Hortus sanitatis,* ihren angestammten Platz. Die *Rosa alba* und *damaszena* ist heute noch eine Augenweide und kann allein durch ihren Duft die Lust auf Süsses vermindern. In Verbindung mit ätherischem grünem oder schwarzem Pfefferöl und ätherischem Lemongrassöl ist diese Duftkomposition besonders wirkungsvoll. Ob eingeatmet über die Duftlampe, als Körperöl einmassiert, im Duftbad erlebt oder in aromatischen Rosensnacks genossen, hilft sie, Körper und Geist nachhaltig zu nähren, weiss die englische Aromapionierin Marguerite Maury zu berichten. Hier habe ich einige Rosenköstlichkeiten für Sie zusammengestellt, von kühlenden Erfrischungen wie Rosensorbet und Rosenmus bis zu Rosenlassi und einem Rosenlikör, der das Herz berührt.

Die Zeit der leichten Picknicks und Grillvergnügen

Mit zunehmender Wärme steigt das Bedürfnis nach Erfrischendem. Rohkost, Früchte und Salate, gekühlte oder geeiste Suppen, säuerliche Kompotte aus Früchten oder aromatische Früchtetees sind nun gefragt. Aromagegartes, -gedämpftes und kurz gedünstestes Gemüse bestimmen die Hauptmahlzeiten; dazu kann leichtes Getreide wie Reis, Amaranth oder Hirse gereicht werden. Der Verzicht auf Fleisch fällt in dieser Jahreszeit leicht, es kann durch Fisch oder durch den Genuss von rein vegetarischer Kost ersetzt werden.

Picknick wird jetzt ganz gross geschrieben – auf dem heimischen Balkon, bei einem abendlichen Büffet, am Grill oder bei einem Ausflug ins Grüne. Dazu gehören reichlich Dips, Saucen und Pasten.

Aromagrillierte Gemüsespiesse (Rezept Seite 61), Maiskolben und Duftpinsel (Seite 31).

Die zum Sommer passenden naturreinen Aromen und Düfte

- *Für den Anfang:* Clementine, Mandarine, Orange, Vanille oder generell Zitrusöle
- *Zum Einstieg:* Basilikum, Dill, Estragon, Fenchel, grüner Pfeffer, Koriander, Lavendel, Lemongrass, Limette, Majoran, Melisse, Oregano, Pfefferminze, Rosmarin, Thymian, Zitronenthymian (Thymian-Linalol)
- *Fürs Besondere und für den Profi:* Bay, Bergbohnenkraut, Bergamotteminze, Eisenkraut, Heu, Honig, Ingwer, Jasmin, Kakao, Kreuzkümmel, Muskatellersalbei, Nelke, Neroli, Rose, Ysop

Sommerliches Aroma- und Duftprofil

- *Frische und leichte bis schwere Duftigkeit geben den Ton an:* fruchtig, blütig, krautig, minzig, rosig, von Süss bis Herb-Säuerlich, ein Hauch von Heuduft

Saisongerecht einkaufen

- *Gemüse:* Auberginen, Blumenkohl, grüne Bohnen, Brokkoli, Chicorée, Erbsen, Fenchel, Gurke, Kapuzinerblüten und -samen, Karotten, Kartoffeln, Kohl oder Wirsing, Kohlrabi, Kopfsalat, Lauch, Mangold, Radieschen, Rettich, Rucolasalat (Rauke), grüner und weisser Spargel (bis Mitte Juni), Spinat, Staudensellerie, Tomaten, Zucchini
- *Obst:* Äpfel, Aprikosen, Brombeeren, Erdbeeren, Heidelbeeren, Himbeeren, Honigmelonen, Johannisbeeren, Kirschen, Nektarinen, Pfirsiche, Pflaumen, Wassermelonen

Sommerliches Essvergnügen in zwei Gängen und Getränke zum Träumen

Leichte Hauptspeise

Pikanter Melonen-Radieschen-Salat, dazu Aromaknäckebrot (Seite 48), Baguette oder Fladenbrot

Dessert

Rosenhalbgefrorenes auf Blütenfruchtsauce oder als Variante Erdbeerhalbgefrorenes mit grüner Pfeffersauce

Dazu

Lavendelsekt oder abends Valleries Wein zum Träumen für zwei

Pikanter Melonen-Radieschen-Salat

Gegen den Durst und für den sommerlichen Appetit. Dazu wird Aromaknäckebrot, Seite 48, Baguette oder Fladenbrot gereicht.

Dieser Salat ist eine der gelungenen Sommerkreationen von Gerlinde Schratt vom Schnitzerkurhaus in Steibis, mit der mich nicht nur eine langjährige Freundschaft, sondern auch die Begeisterung für die Düfte und Aromen verbindet.

Bereits nach dem ersten von ihr besuchten Aromakochkurs durften ihre Gäste aromatische Gaumen- und Nasenfreuden erleben. Heute können im Kurhaus Schratt interessierte Laien die Aromakunst kennenlernen. Zum Ende der Saison gibt es ein besonderes «Schmankerl», einen Leckerbissen, nämlich ein vorweihnachtliches Aroma-Wochenende zum Lernen und Verwöhnen.

- 1 mittelgrosse Wassermelone oder 2 Galia-Melonen
- 1 Bund Radieschen
- 1 Paprika (Peperone)
- 3 Birnen
- Saft von 1/2 Zitrone
- 1 TL Capri- oder O-sole-mio-Würzölmischung (Seite 23, 24) oder ersatzweise 2 Tropfen ätherisches Zitronenöl, 2 Tropfen ätherisches Orangenöl und wahlweise 1 Tropfen ätherisches Eisenkraut-, Melissen- oder Zitronenthymianöl
- 250 g Sauerrahm
- 150 g Joghurt oder Rahm
- 1 kräftige Prise Zitronen-Lemongrass-Salz (Seite 25) oder Salz
- Pfeffer aus der Mühle
- etwas frische Sommerkräuter wie Kresse, Melisse oder Zitronenthymian

Die Melone mit einem grossen Küchenmesser in der Mitte rundherum zackenförmig einschneiden und die Hälften voneinander lösen (siehe Bild Seite 58–59). Das Melonenfleisch mit einem Kugelausstecher herausheben und die Kugeln in eine Schüssel geben. Die Radieschen waschen und in kleine Vierecke schneiden, ebenso Paprika und Birnen.

Zum kleingeschnittenen Gemüse und den Birnen einen Viertel bis die Hälfte der Melonenkugeln hinzugeben, alles mit Zitronensaft beträufeln und vermischen. (Die restlichen Melonenkugeln können Sie für eine Nachspeise oder Fruchtgetränke im Kühlschrank aufbewahren.) Die ausgehöhlten Melonenhälften und die Salatmischung etwa ½ bis 1 Stunde kühl stellen.

In der Zwischenzeit die Würzölmischung mit dem Sauerrahm und dem Joghurt gut glattrühren und mit Aromasalz und Pfeffer abrunden. (Falls Sie die einzelnen ätherischen Öle verwenden, vorsichtig über einen Teelöffel in den Sauerrahm einträufeln und gut emulgieren.)

Die aromatische Sauce vorsichtig unter die Salatmischung heben und alles in die ausgehöhlten Melonenhälften füllen.

Auf einer grossen Platte oder einem Teller anrichten, mit Kräutern bestreuen und mit einigen Melonenkugeln garnieren.

Tip: Eine besondere Augenweide ist es, wenn Sie den Teller oder die Platte mit grossen Huflattich- oder Weinblättern auslegen und mit Sommerblüten wie Borretsch, Calendula oder Kapuzinerkresse garnieren.

Rosenhalbgefrorenes

Einen besonderen Reiz erhält dieses Dessert, wenn Sie ungespritzte Rosenblüten zur Garnitur und zum Kosten dazulegen. Das Halbgefrorene einen Tag vorher zubereiten.

- 150 g Crème fraîche
- 75 g Magerquark
- Blütenblätter von 2 ungespritzten Duftrosen (fakultativ)
- 100 g Akazienhonig
- 1 EL Rosenwasser
- 2 EL Rosenlikör (Seite 125) oder Cognac (für ein Halbgefrorenes ohne Alkohol 2 EL Rosenwasser zusätzlich oder 1 EL Rosenpelargoniensirup, Seite 28)
- 150 ml Rahm, geschlagen
- 1 Tropfen ätherisches Rosenöl guter Qualität

Die Crème fraîche und den Magerquark glattrühren.

Von den Blütenblättern zur Dekoration einige zurückbehalten. Die restlichen Blütenblätter im Mixer fein pürieren und zusammen mit dem Akazienhonig zur Crème-fraîche-Mischung geben, alles gut verrühren.

Das Rosenwasser und den Likör oder Cognac untermischen. Zuletzt den geschlagenen Rahm mit dem ätherischen Rosenöl emulgieren und vorsichtig unterheben.

Die Rosenmasse in vier mit Klarsichtfolie ausgelegte Formen füllen und mindestens einen Tag gefrieren lassen.

Auf einer Blütenfruchtsauce (Rezept Seite 57) anrichten.

Blütenfruchtsauce

Fruchtsaucen sind als Spiegel zu Cremen, Eis, Halbgefrorenem, Mousse und Obst sehr beliebt.

Das ätherische grüne Pfefferöl gibt dieser Sauce eine besondere Finesse, die Ihren Gästen unvergesslich bleiben wird. Grüner Pfeffer gilt schon seit jeher als besondere Duftnote zu Erdbeeren, Himbeeren und Feigen, eine Tradition, die wir mit dem Naturaroma vereinfachen können. Ohne dabei auf Pfefferkörner beissen zu müssen, verleiht das ätherische Öl Duft und Aroma, aber keinerlei Schärfe.

- 200 g reife Beeren (Himbeeren, Heidelbeeren, Erdbeeren)
- 2 Tropfen ätherisches grünes Pfefferöl
- 1 EL Akazienhonig oder Ahornsirup
- 1 Tropfen Kakao- oder Vanilleessenz
- 1 TL Rosen-, Orangen- oder Holunderblütenwasser (Hydrolat), falls vorhanden
- nach Belieben Rahm und Melissenblätter zur Garnitur

Die Beeren im Mixer pürieren. Das ätherische Öl und die Essenz über einen Teelöffel in den Honig oder den Ahornsirup träufeln und darin emulgieren, dann gut mit dem Beerenpüree vermischen. Das Blütenwasser verleiht der Fruchtsauce noch eine besondere Intensität.

Den Boden von grossen Tellern mit dem Fruchtpüree bedecken. Mit zwei in heisses Wasser getauchten Esslöffeln aus dem Rosenhalbgefrorenen Nocken ausstechen und auf dem Fruchtspiegel plazieren. Nach Belieben noch mit Rahm drei Linien bilden und mit einem Holzstäbchen quer zu Kringeln oder Herzchen ziehen. Mit frischen Melissenblättchen garnieren. (Bild Seite 91.)

Variante:
Erdbeerhalbgefrorenes mit grüner Pfeffersauce

Vallerie Ann Worwood, eine der in England heute führenden Aromatherapeutinnen und Autorin von zahlreichen Büchern, liebt sinnliches Essen, speziell mit ätherischen Ölen. Ihre Wortspiele mit «aromatisch» und «romantisch» inspirierten mich zu «aromantischen» Kreationen. Dazu gehört unter anderem dieses Erdbeereis.

- 300 g Erdbeeren
- 1 EL Orangenblütenwasser
- 1 EL Kirsch (für ein Halbgeforenes ohne Alkohol 2 EL Orangenwasser zusätzlich oder 1 EL Rosenpelargoniensirup)
- 2 Tropfen ätherisches grünes Pfefferöl (fakultativ)
- 2 Tropfen Vanilleessenz (oder 4 Tropfen, falls kein Pfefferöl verwendet)
- 70 g Akazienhonig
- 150 ml Rahm, geschlagen

Von den Erdbeeren vier schöne für die Garnitur zurückbehalten, die restlichen Erdbeeren im Mixer pürieren.

Das Orangenblütenwasser und den Kirsch untermischen. Die ätherischen Öle im Honig emulgieren und untermischen. Zuletzt den geschlagenen Rahm vorsichtig unterheben.

Eine Herzform oder ein Kastenform mit Klarsichtfolie auslegen und mit der Erdbeermasse füllen. Mindestens einen Tag gefrieren lassen.

Zusammen mit einer Blütenfruchtsauce oder Vanillerahm anrichten und dazu gekühlten Lavendelsekt oder abends Valleries Wein zum Träumen kredenzen.

*Bild Seite 58/59:
Pikanter Melonen-Radieschen-Salat (Rezept Seite 55) und Bergamottewein (Rezept Seite 60).*

Lavendelsekt

- 1 TL Akazienhonig oder Ahornsirup oder
  2 TL Lavendelhonig (Rezept unten) oder
  5 Tropfen ätherisches Lavendelöl, fein
- 1 l Sekt
- ½ Handvoll frische oder getrocknete Lavendelblüten, nach Belieben

Das ätherische Öl, falls verwendet, in den Akazienhonig träufeln. Den Honig zum Sekt geben und mit einem länglichen Holz leicht umrühren. Die Blüten dazugeben und den Sekt nochmals kühl stellen. Vor dem Servieren die Blüten heraussieben, sie sind zu strohig auf der Zunge.

Dieser Lavendelsekt entwickelt ein exquisites Aroma und kann auch gut für Sorbets, Cremen oder eine Sommerbowle mit Früchten und Beeren verwendet werden.

Lavendelhonig

Zum Süssen für Desserts, Gebäck, Tee und Getränke aller Art.

- 50 g Akazienhonig
- 5 Tropfen ätherisches Lavendineöl
- 10 Tropfen ätherisches Lavendelöl, fein

Die zwei verschiedenen Lavendelsorten verleihen dem Honig ein besonders kräftiges Bouquet; es kann aber auch nur das feine Lavendelöl verwendet werden, dann 8 bis maximal 15 Tropfen davon nehmen.

Das ätherische Öl in den Honig träufeln und kräftig verrühren. Einige Tage stehen lassen, damit sich das Aroma noch besser entfalten kann.

Tip: In kleine Gläser abgefüllt und mit einigen Blüten bestreut, ist dies auch ein wunderbares Geschenk – ein Augen- und Gaumenschmaus.

Valleries Wein zum Träumen für zwei

Dieser Wein, der auf einem alten Rezept mit speziell aphrodisischer Wirkung beruht, ist sehr leicht herzustellen. Den fertigen Wein sollten Sie 3 bis 5 Tage ruhen und reifen lassen. Ein Glas täglich soll Sinnlichkeit und jugendliche Frische verleihen.

- 2 Tropfen ätherisches Rosmarinöl
- 2 Tropfen ätherisches Muskatellersalbeiöl
- 2 Tropfen Zimt-Orangen-Würzessenzmischung oder 1 Tropfen ätherisches Zimtöl
- 2 TL Akazienhonig oder Ahornsirup
- 10 ml Rum oder Cognac
- 1 Flasche Rot- oder Weisswein

Die ätherischen Öle in den Akazienhonig oder Ahornsirup träufeln und emulgieren. Den Rum dazugeben und dann alles zum Wein giessen, verschütteln und 3 bis 5 Tage reifen lassen.

Vor dem Trinken im Kühlschrank kühlen.

Bergamottewein

- 8 Tropfen ätherisches Bergamotteöl
- 2 Tropfen ätherisches Bitterorangenöl (fakultativ)
- 2 Tropfen Vanilleessenz
- ½ TL Akazienhonig oder Ahornsirup
- 1 l trockener Weisswein

Die ätherischen Öle in den Akazienhonig träufeln und diesen anschliessend zum Wein geben. Mit einem Holzlöffel leicht umrühren.

Der Bergamottewein entwickelt ein exquisites Aroma und kann gut für Sorbets, Cremen oder Nachspeisen aller Art verwendet werden.

Barbeque, Grill und sommerliche Picknicks

Zu einem richtigen sommerlichen Picknick- oder Grillvergnügen gehören – neben dem Grillierten – jede Menge Dips, Saucen, Mayonnaisen, eingelegte Oliven und Tomaten, Frischkost aus Bleichsellerie, Chicorée, Karotten, Kohlrabi, Radieschen und anderen saisonalen Gemüsesorten.

Aromagrillierte Gemüsespiesse

Für 4 Personen als Mahzeit mit Dips und Brot. Wenn Sie mehrere der Rezepte zu einem Picknick zusammenstellen, müssen Sie die Mengen halbieren oder sogar dritteln.

20 Holzspiesse, ca. 20 cm lang

1 kg junges Gemüse vom Markt oder aus dem Garten (Auberginen, Cocktailtomaten, Fenchel, Karotten, Kohlrabi, weisser Rettich, junge Zwiebeln, Paprika/Peperoni)

5 EL natives Olivenöl

3 EL O-sole-mio-, Pizza-mia-, Provençale-, Dillerlei- oder für Exotisches Thai-Würzölmischung je nach Gusto (siehe Seite 23–25)

oder ersatzweise:

3 EL natives Oliven-, Sonnenblumen- oder Sesamöl

2 Tropfen ätherisches Zitronenthymianöl oder Majoranöl

1 Tropfen ätherisches Rosmarinöl

2 Tropfen ätherisches Zitrusöl Ihrer Wahl

1 kräftige Prise aromatisches Würzsalz (Seite 25) oder Salz

1–2 Rosmarin-Duftpinsel (Seite 31), nach Belieben

Pfeffer aus der Mühle

1 Handvoll frisch gehackte Kräuter (Thymian, Kresse, Petersilie) oder getrocknete Provencekräuter

Das Gemüse waschen, trocknen und in mundgerechte Stücke schneiden.

Die restlichen Zutaten zu einer Marinade mischen und die Gemüsestücke darin einlegen. Um ein intensives Aroma zu erreichen, 1 Stunde in den Kühlschrank stellen. Die restliche Marinade in ein Glas oder ein anderes Gefäss umfüllen und einen Kräuterpinsel aus Rosmarin darin eintauchen.

Die Gemüsestücke abwechselnd auf die Spiesse stecken und grillieren, immer wieder beim Wenden mit der aromatischen Marinade bepinseln, bis sie goldgelb gebräunt und gar sind. Die Gemüsespiesse können auch bequem in der Bratpfanne gebraten werden.

Auf jeden Teller 5 Spiesse geben, mit den gehackten Kräutern garnieren und dazu Dips und Saucen (Seite 63–64) reichen. Als Beilage passen Baguette, junge Kartoffeln, Pommes occitanes (Seite 110) oder Salat. (Bild Seite 52.)

Variation: Diese Spiesse können auch mit Fleisch, Tofuwurst, Kartoffeln und anderen Gemüsesorten Ihrer Wahl variiert werden.

Ananas-Würzsteaks

Ein exotisch angehauchtes Vergnügen!

- 1 Ananas
- 1 Knoblauchzehe
- 1 TL ätherisches Bay-Koriander-Pfeffer-Würzöl oder 2 Tropfen ätherisches Bayöl, 2 Tropfen ätherisches Korianderöl und 2 Tropfen ätherisches grünes Pfefferöl, in 1 TL nativem Maiskeim- oder Sonnenblumenöl emulgiert (falls Sie nur eines der ätherischen Öle zur Verfügung haben, dann insgesamt 5 Tropfen davon verwenden)
- 1 TL Thai-Würzölmischung (Seite 25), ersatzweise die reine Würzessenzmischung oder einzelne ätherische Öle verwenden wie Bay, Lemongrass und Limette
- ½ Knoblauchzehe
- 1 Prise gemahlener Koriander
- 1 Prise Rosenpaprika und oder Cayennepfeffer
- 3 EL Crème fraîche
- Orangen-Lemongrass-Salz (Seite 25) oder Kräutersalz

Das Stielende der Ananas entfernen. Die Ananas halbieren, die eine Hälfte in Scheiben schneiden und in den Kühlschrank stellen. Von der anderen Hälfte den Strunk und die Schale entfernen und das Fruchtfleisch im Mixer pürieren.

Die Würzöle, den gepressten Knoblauch, die Gewürze und die Crème fraîche untermischen und das Püree mindestens 2 Stunden im Kühlschrank durchziehen lassen.

Die Ananasscheiben auf einer Seite etwa 5 Minuten grillieren, wenden mit dem aromatisierten Ananaspüree bedecken und fertig grillen.

Variation: Gelingt auch mit Fleisch; verwenden Sie dann 7 Esslöffel Sauerrahm und 3 Esslöffel püriertes Fruchtfleisch, beispielsweise von Äpfeln, und die Aromamischung wie oben.

Eingelegte Oliven

Antipasto italienne

- 1 Zweig Rosmarin, Salbei oder Wacholder
- 100 ml natives Olivenöl
- 10 Tropfen fertig gekaufte Provençale-Würzessenz oder Pizza-mia-Würzmischung oder ersatzweise 5 Tropfen ätherisches Zitronenthymianöl, 3 Tropfen ätherisches Basilikumöl und 5 Tropfen ätherisches Zitronenöl
- 200 g grüne oder schwarze Oliven

Den Kräuterzweig waschen und trockentupfen.

In das Olivenöl die ätherischen Öle einträufeln und emulgieren. Die Oliven beigeben. Den Rosmarinzweig hineinlegen und immer gut mit dem Öl bedeckt halten, sonst kann es schnell zu Gärung und Fäulnisprozessen kommen.

Tip: Aromatisch eingelegte Oliven passen zu jedem rustikalen Imbiss und sind immer wieder ein nettes Gastgeschenk.

In derselben Weise können auch getrocknete Tomaten eingelegt werden.

Tapenade

- 1 Rezeptmenge eingelegte Oliven (Rezept Seite 62)
- 60 g Kapern
- 1 Knoblauchzehe
- gemahlener Pfeffer aus der Mühle

Die eingelegten Oliven, Kapern und Knoblauch in der Küchenmaschine grob zerkleinern und nach und nach bei laufendem Motor das aromatische Öl von den Oliven hinzufügen, bis die gewünschte Konsistenz erreicht ist. Mit Pfeffer abrunden.

Im Kühlschrank aufbewahren und innerhalb einer Woche zu rohem Gemüse, Toast, hartgekochten Eiern oder Teigwaren verwenden.

Leichter Cremedip

- 1 TL Capri-Würzöl oder 1 Tropfen ätherisches Zitronenöl
- 2 Tropfen ätherisches Orangenöl
- 1 EL Crème fraîche
- 1/2 TL Salz oder Würzkräutersalz (Seite 25)
- 250 g Sauerrahm

Die ätherischen Öle in die Crème fraîche träufeln und darin emulgieren. Salz und Sauerrahm direkt unterrühren und cremig rühren.

Für eine kalorienbewusste Variante Joghurt nehmen. Es können nach Belieben auch andere ätherische Öle verwendet werden; von kräftigen Aromen wie Thymian nur ½ Tropfen verwenden.

Lemon-Curd

- 3 Tropfen ätherisches Zitronenöl und nach Belieben 1 Tropfen Lemongrassöl
- 1 TL Rahm
- 1 Prise Orangen-Lemongrass-Salz (Seite 25) oder Kräutersalz
- 200 g Cremejoghurt

Die ätherischen Öle in den Rahm träufeln und mit dem Aromasalz fein abschmecken. Kräftig unter den Joghurt rühren.

Tip: Dieser einfachste Dip kann mit Kräutern variiert oder mit 1 Teelöffel Würz-Gomasio (Seite 31) bestreut werden. Zum Servieren abgeriebene Zitronenschale daraufstreuen – wirkt sehr dekorativ!

Feinaromatische Bluecreme

- 100 g Edelschimmelkäse
- 3 Tropfen Capri-Würzessenz
- 100 g Ricotta oder Quark
- 50 g gehackte und geröstete Mandeln oder 30 g Mandelmus
- 1 Prise Orangen-Lemongrass-Salz (Seite 25) oder Meersalz
- Pfeffer aus der Mühle

Den Edelschimmelkäse mit der Würzessenzmischung beträufeln, mit der Gabel zerdrücken und mit dem Ricotta oder Quark kräftig mischen (in der Küchenmaschine wird er schön sämig). Die Mandeln beifügen und mit dem Aromawürzsalz und Pfeffer fein abschmecken.

Grillvariante: Eine Marinade aus Olivenöl, Zitronensaft, 5 Tropfen O-sole-mio-Würzessenmischung und etwas fein gehacktem Knoblauch herstellen. Stangen von Bleichsellerie, Mangold oder Fenchel damit bestreichen und auf einem geölten Rost einige Minuten grillieren. Zum Dippen dazu die Bluecreme reichen.

Cocktailsauce aromatica

- 1–2 Tropfen fertig gekaufte Thai-Würzessenzmischung oder 1 Tropfen ätherisches Ingweröl, 1 Tropfen ätherisches Lemongrassöl und 1 Tropfen ätherisches grünes Pfefferöl
- 100 g Crème fraîche
- 200 g Sauerrahm
- 1–2 TL Rote-Bete-Saft (Randensaft), je nach gewünschter Farbintensität
- etwas Orangen-Lemongrass-Salz (Seite 25) oder Kräutersalz
- etwas Pfeffer aus der Mühle
- Blüten von Malven, Hibiskus und Kapuzinerkresse
- frische Kräuter oder Sprossen

Die ätherischen Öle in die Crème fraîche träufeln und darin emulgieren, dann mit dem Sauerrahm gut vermengen und den Rote-Bete-Saft unterrühren. Mit Würzsalz und Pfeffer fein nuancieren.

Die Cocktailsauce in Blüten füllen und mit frischen Kräutern oder Sprossen garnieren.

Minzomayo

Eine leichte Minz-Joghurt-Mayonnaise ohne Eier

- 2–3 EL (20 ml) natives Distel- oder Haselnussöl
- 1–2 Tropfen ätherisches Pfefferminzöl
- 2 Tropfen ätherisches Zitronenöl
- 200 g Cremejoghurt
- Saft von ½ Zitrone
- 1 Prise Salz und Pfeffer

In einem Esslöffel des gewünschten Trägeröls die ätherischen Öle emulgieren und die Ölemulsion nach und nach tropfenweise mit dem Schneebesen unter den Cremejoghurt schlagen. Verdünnen Sie die Masse zwischendurch mit Zitronensaft, und fügen Sie noch tropfenweise etwas Trägeröl bei, dabei immer kräftig weiterrühren, bis die Masse luftig-cremig ist. Mit Salz und Pfeffer abschmecken.

Fertig ist ein erfrischendes Dressing oder ein Dip für Gemüse-Crudités oder Salate aller Art.

Minzbutter

Ätherisches Pfefferminzöl hat einen so intensiven Geschmack, dass es nur in geringer Dosierung verwendet wird. Seine kühlende Wirkung auf unsere Geschmacksnerven ist im Sommer besonders beliebt und gefragt.

- 50 g Butter
- 1 Tropfen ätherisches Pfefferminzöl
- ½ TL Orangen-Lemongrass-Salz (Seite 25) oder Kräutersalz

Die Butter leicht erwärmen, so dass sie noch ihre geschmeidige Konsistenz behält, das ätherische Öl einträufeln, emulgieren und mit dem Aromasalz fein abschmecken. (Sie können auch weniger Salz verwenden, denn Sie werden entdecken, je mehr Sie mit Aromen kochen, desto weniger vermissen Sie Salz.)

Diese Butter ist auch ideal zum Verfeinern von sommerlichem Gemüse wie Erbsen, Kaiserschoten (Kefen), jungen Bohnen und jungen Kartoffeln und passt ebenso ausgezeichnet zu Lammfleisch und anderen Fleischsorten (Steak) – einfach auf das gedünstete Gemüse oder das Fleisch geben und zerlaufen lassen, bevor Sie es servieren.

Gemüserohkost mit Lemon-Curd, Minzomayo und Cocktailsauce aromatica (Rezepte Seite 63–64).

Crudités – Gemüserohkost

Sehr einfach und zugleich raffiniert!

750 g Gemüse (Bleichsellerie, Chicorée, Karotten, Kohlrabi, Radieschen u.a.)

1 Zitrone

5 Tropfen fertig gekaufte Capri-Würzessenz oder 2 Tropfen ätherisches Lemongrassöl und 3 Tropfen ätherisches Limettenöl

Das Gemüse waschen, putzen und in längliche Stücke schneiden. Die Gemüsestücke auf einer Platte dekorativ anrichten.

Die Zitrone auspressen und die ätherischen Öle in den Saft träufeln, emulgieren und über die Gemüsestücke giessen. Die Rohkost bleibt dadurch nicht nur länger ansehnlich, sondern erhält ein apartes, feines Zitrusaroma.

Tip: Wird das Gemüse zusammen mit Aromaspiessen und Zucchinipuffern für ein Picknick gewählt, dann nur die Hälfte bis ein Drittel der angegebenen Menge nehmen.

Tomatensugo Basilic

Ergibt etwa 500 g und kann auch für Nudelgerichte verwendet werden.

- 1,2 kg Tomaten
- 2 Tropfen ätherisches Zitronenthymianöl oder ätherisches Zitronenöl
- 1 kleine Zwiebel
- 1 Knoblauchzehe
- 100 g frische Kräuter (Basilikum, Oregano, Thymian, Petersilie)
- 1 EL natives Olivenöl
- ¼ l Wasser
- 1 EL Pizza-mia- oder O-sole-mio-Würzölmischung (Seite 23) oder ersatzweise 2 Tropfen ätherisches Basilikumöl
- Aromasalz (Seite 25) oder Kräutersalz
- Pfeffer aus der Mühle

Die Tomaten waschen, häuten und entkernen. Auf ein angefeuchtetes Küchenbrett 2 Tropfen Zitronenthymianöl träufeln und verreiben. Zwiebel, Knoblauch und Kräuter darauf klein schneiden bzw. hacken. Zwiebel und Knoblauch im Olivenöl bei schwacher Hitze weich dünsten, die Tomaten und das Wasser dazugeben und zugedeckt etwa ½ Stunde köcheln lassen.

Die Sauce in der Küchenmaschine pürieren, in den Topf zurückgeben, die gehackten Kräuter dazugeben und offen 1 Stunde einköcheln lassen, bis die Sauce sämig ist.

Mit dem Würzöl, Aromasalz und Pfeffer abschmecken.

Tip: Für ein Picknick kann man sich davon ein kleines Glas mit 200 g abfüllen.

Zucchinipuffer

Ohne tierisches Eiweiss

- 500 g Zucchini
- 2 grosse Karotten (250 g)
- ½ rote Paprika (Peperone)
- 1 TL Bergamotte-Muskatellersalbei-Salz (Seite 25) oder Kräutersalz
- 3 Tropfen fertig gekaufte Capri-Würzessenz oder 3 Tropfen ätherisches Zitronen- oder Limettenöl
- etwas frischer Liebstöckel, Grün von Bleichsellerie oder reichlich Petersilie
- 1 mittlere Zwiebel
- ½ Knoblauchzehe
- 1 TL Hefewürze
- 150–180 g fein gemahlener Buchweizen
- Olivenöl zum Ausbacken

Die Zucchini und Karotten in der Küchenmaschine fein raspeln, die Paprika würfeln. Das Gemüse mit dem aromatischen Würz- oder Kräutersalz bestreuen, wenden und 5 Minuten ziehen lassen.

Auf ein befeuchtetes Küchenbrett die ätherischen Öle träufeln und darauf zuerst die Kräuter fein hacken, dann die Zwiebel und die halbe Knoblauchzehe klein würfeln. Alles mit dem Gemüse vermengen und mit dem Buchweizenmehl gut vermischen. Daraus kleine flache Küchlein formen und in Olivenöl ausbacken.

Dazu wird ein leichter aromatischer Cremedip (Seite 63) und Hirse gereicht. Die Zucchinipuffer können auch sehr gut kalt zu einem Picknick mitgenommen werden.

Gemüseshake

Für den kleinen Appetit und eine ideale Stärkung zwischendurch – voller Vitamine und Aroma!

Sellerie, Kohlrabi und Karotten lassen sich im Mixer (Küchenmaschine) leicht pürieren und werden anschliessend mit entsprechenden Gemüsesäften, Obstsäften oder Mineralwasser verdünnt.

- 300 g Staudensellerie
- 200 g Sellerieknolle
- 2 grosse Äpfel
- 1 TL O-sole-mio-Würzölmischung (Seite 23)
- 1 Tropfen ätherisches Basilikumöl, wenn Tomatensaft verwendet wird
- 200 ml Tomaten-, Karotten- oder Apfelsaft oder nur Mineralwasser
- 1 Prise Orangen-Lemongrass-Salz (Seite 25)
- Pfeffer aus der Mühle

Das Gemüse putzen und zerkleinern, die Äpfel entkernen und alles im Mixer pürieren. Die Würzölmischung und gegebenenfalls das Basilikumöl daruntermischen und mit dem Gemüsesaft, Obstsaft oder Mineralwasser verdünnen. Mit Würzsalz und Pfeffer abschmecken.

In Gäser füllen und gekühlt oder direkt aus dem Mixer servieren. Nach Belieben mit gehackten Kräutern oder Nüssen dekorieren. (Bild Seite 68.)

Minzschaumsuppe

Eine warme Suppe mit einem kühlenden Nachgeschmack.

- ½ l Gemüsebrühe
- 1 TL Dillerlei-Würzölmischung (Seite 23; fakultativ)
- 2–3 Tropfen ätherisches Pfefferminzöl
- 2 Tropfen ätherisches Bergamotteminzenöl (fakultativ)
- 150 ml Rahm
- etwas Minzwürzsalz (Seite 25) oder Kräutersalz

Die Gemüsebrühe aufkochen und von der Herdplatte ziehen.

Die ätherischen Öle in den Rahm träufeln und darin emulgieren; mit dem Schneebesen kurz anschlagen. In die Suppe einrühren und mit dem Aromasalz abschmecken.

Die Suppe in Suppentassen füllen und mit je einem Minzblatt garnieren. Dazu wird Aromaknäckebrot (Seite 48) mit Minzbutter (Seite 64) gereicht.

Tip: Das Bergamotteminzenöl verleiht ein besonders fruchtig-minziges Aroma; es kann in diesem Rezept auch das Pfefferminzöl vollständig ersetzen.

Geeiste oder gekühlte Melonen-Nektarinen-Suppe

- 1 reife Galia-Melone
- 2 gut reife Nektarinen
- 1 Orange, Saft
- 1 Tropfen ätherisches Pfefferminz-, Eisenkraut- oder Melissenöl
- 1 Tropfen ätherisches grünes Pfefferöl
- 1 TL Akazienhonig oder Ahornsirup
- ½ TL Minz-Lemongrass-Würzsalz (Seite 25) oder Kräutersalz

Die Melone halbieren, entkernen und das Fruchtfleisch zusammen mit den gewaschenen und kleingeschnittenen Nektarinen und dem Orangensaft im Mixer pürieren.

Die ätherischen Öle in den Akazienhonig träufeln und darin emulgiern, zum Melonenpüree geben und mit dem Würzsalz abschmecken.

Die Suppe 20 Minuten kalt stellen, für die geeiste Version 40 Minuten ins Gefrierfach stellen.

In geeisten Tellern oder Glasschalen anrichten und mit Minz- oder Melissenblättchen garnieren.

Gemüseshake.

Leichtes Frühsommermenü

Vorspeise

Carpaccio aus Zucchini und Avocado

Hauptspeise

Hüttenkäse-Radieschen-Terrine

Carpaccio aus Zucchini und Avocado

3 kleine Zucchini (ca. 500 g)
5 – 6 Tomaten
2 Avocados
Saft von 1 Zitrone
2 Tropfen fertig gekaufte Capri-Würzessenz oder je 1 Tropfen ätherisches Orangen- und Zitronenöl

Marinade:
½ Knoblauchzehe
3 EL Olivenöl
4 EL Sonnenblumenöl
3 EL Balsamicoessig
½ TL O-sole-mio-Würzölmischung (Seite 23)
etwas Aromawürzsalz (Seite 25) oder Kräutersalz
Petersilie
2 Stengel Basilikum
frisch gemahlener schwarzer Pfeffer

Zucchini und Tomaten in Scheiben schneiden, die Avocados dünn schälen, längs halbieren und in Scheiben schneiden.

Den Zitronensaft mit der Capri-Würzessenz versetzen und über die Gemüsescheiben träufeln.

Für die Marinade die Knoblauchzehe fein hacken und dann mit den restlichen Marinadenzutaten im Mixer fein pürieren und emulgieren. Die Hälfte der Marinade über die Gemüsescheiben geben und diese 30 Minuten kalt stellen.

Die Zucchini-, Tomaten- und Avocadoscheiben fächerförmig auf vier Teller anrichten und die restliche Marinade (Vinaigrette) darüber verteilen.

Variante: Dieses Carpaccio kann auch mit hauchdünn geschnittener Salatgurke und Tomaten zubereitet werden (ohne Avocados). Dann die Marinade mit Dill-&-Co.- oder Dillerlei-Würzölmischung (Seite 23), 2 Tropfen ätherischem Limettenöl und Zitronensaft anstelle von Aceto Balsamico würzen.

Hüttenkäse-Radieschen-Terrine

Für eine Cakeform von ca. 1½ Liter Fassungsvermögen

- 3 Tropfen ätherisches Zitronenöl oder fertig gekaufte Capri-Würzessenzmischung
- 2 Bund Radieschen
- ½ TL Zitronensaft
- 500 g Hüttenkäse
- 1 TL Capri-Würzölmischung (Seite 24)
- ½ TL Aromawürzsalz (z.B. Capri-, Lemongrass- oder Grüner-Pfeffer-, Seite 25)
- 2 TL Johannisbrotkernmehl (oder 2 Blatt Gelatine)
- 3 EL kaltes Wasser
- 200 ml Rahm
- 2 EL Kresse

Die Cakeform mit Klarsichtfolie auskleiden.

Auf einem Küchenbrett, das Sie zuvor mit Zitronenessenz beträufelt haben, die Radieschen (5 Stück zum Garnieren zurückbehalten) klein hacken, auch etwas Grün dazuhacken. Die gehackten Radieschen im Zitronensaft wenden, unter den Hüttenkäse heben und kräftig unterrühren. Die Würzöl- und Würzsalzmischung beigeben und gut vermengen.

Das Johannisbrotkernmehl im kalten Wasser auflösen und mit 2 Esslöffeln Hüttenkäse vermischen, dann sofort kräftig unter die restliche Masse heben.

Den Rahm steif schlagen und vorsichtig darunterziehen.

Die Masse in die Cakeform füllen und 3 Stunden zugedeckt im Kühlschrank fest werden lassen.

Die Terrine auf eine Platte stürzen, die Folie entfernen und die Terrine in Scheiben schneiden. Einzeln auf Tellern anrichten und mit Kresse und den beiseitegelegten Radieschen garnieren.

Leichtes frühsommerliches Quintett

Wie alles andere an Händel war auch sein Appetit gigantisch. Eines Tages ging er in ein Gasthaus, setzte sich an einen Tisch und bestellte sechzehn verschiedene Gänge: Suppe, Fische, Braten, Geflügel, Desserts, Omlett, Käse und dazu Bier, Wein und Likör.

Der Kellner nahm die Bestellung entgegen, deckte umständlich den Tisch und wartete.

«Worauf warten Sie?» erkundigte sich der Komponist.

«Auf die Gesellschaft, mein Herr.»

«Gesellschaft?» wiederholte Händel dröhnend. «Los, bringen Sie das Essen – presto, prestissimo! Die Gesellschaft bin ich!»

Duftbecher

Minz-Orangen-Duftcocktail nach altägyptischem Vorbild

Vorspeise

Chèvre chaud provençale auf Ananasvierteln

Hauptspeise

Limettenlachsstreifen an Blütenfruchtsauce

Dessert

Rote Grütze mit Frucht- oder duftigem Blütenaroma aus Rosenmus

Sommerliche Getränke

Geeiste Tees, Rosen-Apfelcidre oder Rosenlassi

Minz-Orangen-Duftcocktail

Ein Cocktail für Geist und Seele – ganz ohne Alkohol. Dieses Rezept ist dem alten ägyptischen Duftbecher nachempfunden (siehe Seite 11).

- Frische oder getrocknete Sommerkräuter
- dazu nach Belieben Borretsch-, Ringelblumen- (Calendula) und leicht duftende Rosenblüten
- 5 Tropfen ätherisches Orangenöl
- 2 Tropfen ätherisches Pfefferminzöl
- 1 Teelöffel Meersalz

In ein abdeckbares feinmaschiges Körbchen oder eine Porzellanschale die frischen oder getrockneten Sommerkräuter und nach Belieben auch Blüten geben.

Die ätherischen Öle auf das Meersalz träufeln und verrühren, dann das aromatisierte Salz zwischen die Kräuter streuen. Sie können die ätherischen Öle auch direkt auf die Kräuter träufeln. Zugedeckt bleibt der Duft einige Tage im Riechsalz erhalten.

Dieser Duftbecher wirkt allein bereits sättigend und kann deshalb bei einer Kur als Zwischenmahlzeit dienen. Vor dem Essen genossen, regt er die Verdauungsäfte an und hilft zugleich den Appetit drosseln.

Tip: Besitzen Sie eine Duftlampe mit einer tiefen Schale, geben Sie die Mischung in die Schale mit Wasser und inhalieren Sie sie. Die Duftmoleküle schmeicheln unserer Psyche, nähren und stimmen sie ein und stellen eine Brücke zu unseren Erinnerungen her – also ein unvergessliches Dufterlebnis für Sie und Ihre Gäste.

Chèvre chaud provençale auf Ananasvierteln

- 4 Scheiben frische Ananas, je 1 cm dick geschnitten
- 1 EL Sonnenblumenöl oder Butter
- 1 TL aromatisierter Orangenhonig (Seite 28)
- 2–3 kleine Ziegenkäse
- 1 Tropfen ätherisches Rosmarinöl
- 1 Tropfen ätherisches Thymianöl
- 1 Tropfen ätherisches Lavendelöl
- oder insgesamt 2–4 Tropfen fertig gekaufte Würzessenzmischung Provençale oder 1 EL Provençale-Würzölmischung, Seite 24
- 2 TL Waldhonig oder Akazienhonig
- etwas frischer oder getrockneter Thymian als Garnitur
- dazu nach Belieben Parmaschinken oder Sauerrahm

Chèvre chaud provençale auf Ananasvierteln.

Die Ananasscheiben vierteln. Das Sonnenblumenöl oder die Butter in einer Pfanne erhitzen, den aromatisierten Orangenhonig dazugeben. Die Ananasviertel darin von beiden Seiten kurz anbraten und dann warm halten.

Den Ofen auf 250 Grad vorheizen.

Die Ziegenkäse quer halbieren, je eine Scheibe auf zwei Ananasvierteln legen.

Die ätherischen Öle von Rosmarin, Thymian und Lavendel (oder, falls verwendet, eine der Provençale-Würzölmischungen) jeweils auf einen Teelöffel träufeln und dann in den 2 Teelöffeln Waldhonig emulgieren. Die Ziegenkäsescheiben mit dem aromatisierten Honig bestreichen und im vorgeheizten Ofen überbacken oder den Käse unter dem Grill leicht zum Schmelzen bringen. Die Kräuter darüberstreuen und mit Sauerrahm und Parmaschinken servieren.

Als Hauptspeise serviert, passt hierzu eine Rosmarin-Karamel-Sauce.

Rosmarin-Karamel-Sauce

- 100 g Aakazienhonig
- Weisswein
- 1 Tropfen ätherisches Rosmarinöl
- einige Rosmarinblüten (fakultativ)

Den Akazienhonig in einer Pfanne erwärmen und mit soviel Weisswein ablöschen, dass eine flüssige Sauce entsteht; kräftig rühren, die Sauce kann sogar schäumen.

Das Rosmarinöl einrühren und, falls vorhanden, einige Rosmarinblüten dazustreuen.

Diese Sauce ist auch ideal zu Fleisch-, Lamm-, Käse- und Wildgerichten; zu Wild lässt sie sich mit ätherischem Wacholderöl variieren.

Limettenlachsstreifen an Fruchtsauce

- 500 g Lachsfilet
- 3 EL Butter oder Sonnenblumenöl
- Saft von 1 Limette oder Zitrone
- 5 Tropfen ätherisches Limettenöl
- 2 Tropfen ätherisches grünes Pfefferöl oder Pfeffer aus der Mühle
- Salz

Sauce:

- 1 reife Tomate
- 1 Schalotte oder kleine Zwiebel
- 2 EL Sommerblüten wie Ringelblumen-, Kapuzinerkresse-, Borretschblüten (Gurkenkraut) oder Gänseblümchen
- 1 EL Butter oder Sonnenblumenöl
- 100 ml trockener Weisswein
- 1 EL eingekochter Fischfond oder kräftige Gemüsebrühe
- 100 ml Rahm oder 1 TL Pfeilwurzelmehl (oder Kuzu) und Saft von 1 Zitrone und 2 Orangen, wenn möglich ungespritzt
- ½ TL Limetten-Euro-Asia-Salz, Seite 25
- 2 Tropfen fertig gekaufte Euro-Asia-Würzessenzmischung oder Kräutersalz mit 1 Tropfen ätherischem Fenchelöl und 1 TL Euro-Asia-Würzölmischung (Seite 25)
- 1 Bund Fenchelgrün

- 1 Limette oder Zitrone für die Garnitur

Das Lachsfilet in fingerdicke Streifen schneiden.

Den Ofen auf 250 Grad vorheizen.

Die geschmolzene Butter oder das Sonnenblumenöl mit dem Limetten- oder Zitronensaft, dem ätherischen Limettenöl und dem grünen Pfefferöl oder Pfeffer aus der Mühle verrühren (emulgieren), mit Salz abschmecken. Die Lachsstreifen damit marinieren, auf ein gefettetes Backblech legen, mit dem Rest der Marinade bepinseln und im vorgeheizten Ofen etwa 10 Minuten grillieren oder garen.

In der Zwischenzeit für die Sauce die Tomate schälen und in kleine Würfel schneiden. Die Schalotte und 1 Esslöffel Blütenblätter fein hacken und in Butter oder Sonnenblumenöl in der Pfanne anziehen lassen. Mit dem Weisswein und dem Fischfond oder Gemüsebrühe ablöschen, den Rahm dazugeben und etwa 5 Minuten köcheln lassen. Für die kalorienbewusste Variante das Pfeilwurzelmehl oder Kuzu in den Saft der Zitrone und der Orangen einrühren und am Ende des Kochprozesses unter die Sauce rühren.

Die Sauce mit Limetten-Euro-Asia-Salz und mit Euro-Asia-Würzessenzmischung abrunden. (Falls nicht vorhanden, kann Kräutersalz mit ätherischem Fenchelöl und Euro-Asia-Würzölmischung verfeinert und dann in die Sauce eingerührt werden.)

Die Sauce als Spiegel auf die Teller giessen und die Lachsstreifen darauflegen. Mit den restlichen abgezupften Blütenblättern und gezupftem Fenchelgrün garnieren. Eine eingedrehte Limettenscheibe ergibt noch einen gelungenen Farbtupfer.

Als Beilage eignen sich Bay- oder Duftreis (Seite 46), Pommes occitanes (Variation mit Lavendelblüten, Seite 110) oder ein Kartoffel-Kürbis-Püree (Seite 85). Dazu reichen Sie nach Belieben aromagegartes in feine Juliennestreifchen geschnittenes Gemüse (Seite 33).

Rote Grütze

- 500 g gemischte Früchte (Blaubeeren, rote und schwarze Johannisbeeren, Himbeeren, Stachelbeeren usw.)
- ca. 100 ml Wasser
- 1–2 EL Pfeilwurzelmehl
- 1–2 EL Wasser
- 5 Tropfen Vanilleessenz
- 3 Tropfen Kakaoessenz
- 5 Tropfen ätherische Zitrusöle nach Wahl (z.B. Orange)
- 3 EL Akazienhonig

Die Früchte reinigen und im Wasser aufköcheln lassen.

Das Pfeilwurzelmehl in wenig kaltem Wasser auflösen, dann zu den erwärmten Früchten geben und alles 3 bis 5 Minuten köcheln lassen.

Die ätherischen Öle in den Akazienhonig träufeln und darin emulgieren.

Die Grütze vom Herd nehmen und erkalten lassen. Sobald sie etwas abgekühlt ist, den aromatisierten Honig unterrühren.

Die Rote Grütze in eine schöne Schüssel füllen. Die erkaltete Oberfläche mit ganzen Früchten dekorieren. Vor dem Servieren nach Belieben Schlagrahm aufspritzen und mit Minz- oder Melissenblättchen garnieren.

Rosenmus

- 500 g duftende ungespritzte Rosenblüten
- 500 g Akazienhonig
- 3 Tropfen Vanilleessenz
- 2 Tropfen ätherisches Korianderöl
- 2 Tropfen ätherisches Rosenöl bester Qualität (Türkei, Marokko, Bulgarien)
- 10 ml Kirsch oder 2 EL Rosenwasser

Die gereinigten Blüten zusammen mit dem Honig im Mixer pürieren.

Die ätherischen Öle in den Kirsch träufeln, dann zum Rosenmus geben und nochmals kurz anmixen. (Wer auf den Alkohol verzichtet, muss die ätherischen Öle bereits im Honig emulgieren und das Rosenwasser dazugeben.)

In Gläser füllen. Im Kühlschrank aufbewahrt, hält sich das Rosenmus einige Wochen.

Tip: Dies ist eine exquisite Beilage zu Cremen, Eis, Gebäck, Kompott usw. Aber auch allein, nur mit flüssigem Rahm genossen, ist es vorzüglich. Ich lernte dieses Rezept in abgewandelter Form im Rosenhof zu Steinfurth kennen.

Geben Sie pro Portion rote Grütze davon einen Esslöffel und eine Haube Neroli- oder Lavendelrahm dazu – ein himmlisches Geschmackserlebnis.

Neroli- oder Lavendelrahm

Das Bitterorangenblütenöl (Neroli) hat seinen Namen von der italienischen Prinzessin von Nerola, die sich überall und oft mit diesem Duft umgab. Man benötigt 1 Tonne Blüten, um 1 Liter ätherisches Neroliöl zu erhalten. Unter den Blütenölen gilt es als eine besondere Kostbarkeit und wird in der Aromatherapie als Erste-Hilfe-Öl verwendet. Es hilft, bei Energielosigkeit, Schwächezuständen, Schock und Prüfungsangst Kraft und Ausdauer zu entwickeln. Da es so teuer und wertvoll ist, wird es nur selten in der Aromaküche verwendet. Mein Tip: Setzen Sie sich ein kleines Gläschen von 20 ml Fassungsvermögen mit Akazienhonig, 3 Tropfen Neroliöl und 5 Tropfen Vanille- oder Kakaoessenz an; so haben Sie immer etwas zur Hand, um Desserts, Tees und Rahm exquisit und edel zu verzaubern.

- 150 ml Rahm
- 1 Tropfen edles ätherisches Neroliöl
- 1–2 Tropfen Vanilleessenz

Für ungesüssten Rahm das Neroliöl und die Vanilleessenz direkt in den Rahm träufeln und diesen steif schlagen.

Für die gesüsste Version den Rahm fast steif schlagen. 1–2 Teelöffel Nerolihonig (siehe oben) daruntermischen.

Variante Lavendelrahm: Verfahren Sie, wie oben beschrieben, und verwenden Sie 2 Tropfen ätherisches Lavendelöl, fein, oder einen Lavendelhonig, den Sie aus 50 g Akazienhonig, 10 Tropfen ätherischem Lavendelöl, fein, und 5 Tropfen ätherischem Lavendineöl mischen.

Zusammen mit Lavendelblütenwasser kann daraus gut eine Glace de Lavende zubereitet werden.

Geeiste Tees

- 1 l gekochter Grün-, Schwarz-, Kräuter- oder Früchtetee

- 50 ml Ahornsirup
- 3 Tropfen ätherisches Pfefferminzöl
- 5 Tropfen ätherisches Eisenkrautöl
- 5 Tropfen Vanilleessenz oder fertig gekaufte Zimt-Orangen-Würzessenzmischung oder nur 15 Tropfen ätherisches Orangenöl
- 1 Handvoll frische Minz- oder Melissenblättchen

Den Tee in einer Glaskaraffe 2 Stunden kühl stellen.

In den Ahornsirup die ätherischen Öle träufeln und emulgieren. Den Boden von Eiswürfelbehältern damit bedecken, in jedes Fach ein Minzblättchen geben und mit Wasser auffüllen. Im Eisfach gefrieren lassen.

Den Tee mit den aromatisierten Eiswürfeln servieren.

Tip: Die Eiswürfel müssen innerhalb von 2 Tagen verwendet werden, sonst werden die Blättchen schwarz.

Rosen-Apfelcidre à la Dietrich

Dieser Cidre ist einer Kreation von Dietrich Wabner nachempfunden. Ein rosiger Gaumenkitzel fürs Besondere.

- 1 l Apfelcidre
- 1 Tropfen ätherisches Rosenöl

Den Cidre nach Belieben in eine Karaffe oder ein schönes Gefäss giessen, das ätherische Öl direkt in den Cidre träufeln und innig verrühren.

Tip: Wer's ohne Alkohol mag, nimmt Apfelsaft. Das ätherische Öl muss dann allerdings gut mit dem Apfelsaft verschüttelt werden, damit es sich verbindet. Vor jedem Eingiessen nochmals schütteln.

Rosenlassi

Das indische Lassi ist mit Wasser verdünnter Joghurt – bei heissem Wetter und zu stark gewürzten Speisen ein herrlich erfrischendes Getränk!

- 600 ml Wasser
- 250 g Naturjoghurt oder Cremejoghurt
- 1 EL Rosenwasser
- 1 Tropfen ätherisches grünes Pfefferöl
- 1 feine Prise Aromawürzsalz (Seite 25) oder Kräutersalz

Alle Zutaten im Mixer verquirlen und mindestens 2 bis 3 Stunden im Kühlschrank ziehen lassen.

In hohe Bechergläser füllen und mit Blütenblättern garnieren

Ausklingendes Sommermenü

Vorspeise

Tomatenscheiben mit Parmesanspänen und italienischer Basilikumsauce

Hauptspeise

Crevetten oder Riesengarnelen mit Bergamotteweinsauce, dazu Baguettebrot oder Wildreisplätzchen und aromagegartes Gemüse (Seite 33)

Dessert

Bergamotte-Sorbet und nach Belieben Lavendelsekt (Seite 60)

Tomatenscheiben mit Parmesanspänen und italienischer Basilikumsauce.

Tomatenscheiben mit Parmesanspänen und italienischer Basilikumsauce

Dies ist eine ausgefallenere und aromatischere Version des bekannten Tomaten-Mozzarella-Salattellers; das Dressing eignet sich aber auch für diesen bestens.

- 500 g sommerreife Tomaten
- 10–12 hauchdünne Parmesanspäne
- einige Stengel frisches Basilikum oder Rucolablätter (Rauke)
- 2 EL natives Olivenöl
- 1 EL Balsamicoessig
- 1 TL Basilikumwürzöl (Einzelwürzöl, Seite 22) oder O-sole-mio-Würzölmischung (Seite 23) oder 2 Tropfen ätherisches Basilikumöl und 1 Tropfen ätherisches Zitronenöl
- 1 Prise Meersalz oder Würzsalz Ihrer Wahl
- Pfeffer aus der Mühle

Die Tomaten waschen, in Scheiben schneiden und auf einer Platte anrichten. Den Parmesankäse darüber verteilen. Das Basilikum oder den Rucola waschen, trockentupfen und auf den Tomaten verteilen.

Das Olivenöl mit dem Balsamicoessig verrühren und darin das Würzöl oder die reinen ätherischen Öle emulgieren. Die Sauce mit Salz und Pfeffer abrunden und über die Tomaten giessen.

Variante: Den Parmesan durch eine Kugel Mozzarella, den Balsamicoessig durch den Saft einer halben Zitrone ersetzen und Basilikum, nicht Rauke nehmen, und schon haben sie den klassischen Tomaten-Mozzarella-Teller.

Übrigens, ein kleiner Geheimtip: Verwenden Sie frisches Basilikumkraut zusammen mit dem ätherischen Basilikumöl in Olivenöl gemischt. Der Geschmack verstärkt sich so, dass Sie von beiden Zutaten weniger brauchen.

Crevetten oder Riesengarnelen mit Bergamotteweinsauce

Aus der Pfanne, aus dem Sinn. Duftmoleküle sind meist organische, mehr oder weniger flüchtige Substanzen. Bei zu starkem Erhitzen können sie buchstäblich in Luft aufgehen oder sich in scharfe oder bittere Partikel trennen. Insbesondere die ätherischen Öle, die den Geschmack wesentlich bestimmen, verflüchtigen sich beim Kochen. In der Praxis heisst das: Ätherische Öle, Gewürze und Kräuter mit Köpfchen verwenden und vorzugsweise erst am Ende des Garprozesses zugeben.

- 500 g Crevetten oder 12 grosse Riesengarnelenschwänze

Marinade:

- 5 Tropfen ätherisches Zitronenöl oder fertig gekaufte Capri-Würzessenzmischung
- 1 kleine Zwiebel oder Schalotte
- 1 Knoblauchzehe
- 1 Bund Petersilie
- ½ Bund Lauchzwiebeln
- 1 Zitrone, Saft
- 2 Tropfen ätherisches Bergamotteöl
- 2 Tropfen fertig gekaufte Dill-&-Co.-Würzessenzmischung oder ätherisches Fenchelöl oder ersatzweise 1 TL gehacktes Dillkraut oder ½ TL Fenchelsaat
- 6 EL Olivenöl

- Salz und frisch gemahlener Pfeffer
- 3 EL Bergamottewein (Seite 60)

Die Crevetten abspülen und trockentupfen. Riesengarnelen aus der Schale lösen, das Schwanzende daran lassen. Den Rücken mit einem spitzen Küchenmesser leicht einritzen und den schwarzen Darmfaden entfernen, dann abspülen und trockentupfen.

Für die Marinade ein Küchenbrett anfeuchten und mit 2 Tropfen ätherischem Zitronenöl oder Capri-Würzessenzmischung beträufeln und einreiben. Darauf Zwiebel und Knoblauchzehe in feine

Scheiben schneiden, die Petersilie hacken und die Lauchzwiebeln in Röllchen schneiden.

Den Zitronensaft auspressen, in einen Esslöffel davon die restlichen ätherischen Öle träufeln und emulgieren. Den aromatisierten Zitronensaft mit allen übrigen Zutaten zu einer Marinade verrühren. Darin die Crevetten oder Garnelen einlegen und zugedeckt im Kühlschrank 1 Stunde ziehen lassen.

Die Crevetten oder Garnelen aus der Marinade heben und die Marinade durch ein Sieb giessen. Die Crevetten im Marinadenöl anbraten, dann die festen Marinadenzutaten zufügen. Unter Rühren alles noch etwa 1 Minute leicht weiterbraten. Mit Salz und Pfeffer und dem Bergamottewein abrunden und leicht ausköcheln lassen.

Dazu werden Baguettebrot oder Wildreisplätzchen und Gemüse je nach Jahreszeit (hier sind es grüne Spargelspitzen) gereicht.

Crevetten oder Riesengarnelen mit Bergamotteweinsauce und Gemüse je nach Jahreszeit.

Wildreisplätzchen

- 200 g Wildreis
- 400–500 ml warmes Wasser
- 1 Lorbeerblatt
- 1 TL Lorbeerwürzöl (notfalls von einem der unten genannten Öle 1 TL mehr)
- 1 kleine Zwiebel oder 3 Lauchzwiebeln
- 1 EL Thai-Sojasauce (Seite 26) oder 3 Tropfen fertig gekaufte Thai-Würzessenzmischung, ersatzweise 1 Tropfen ätherisches Lemongrassöl, 1 Tropfen ätherisches Limettenöl und 1 Tropfen ätherisches Ingweröl (falls nur eines dieser Öle vorhanden, dann 3 Tropfen davon; vom Ingweröl höchstens 2 Tropfen)
- 2 Eier
- 1 Prise Currypulver
- einige Spritzer Zitronensaft
- ca. 2 EL Öl, Butterschmalz oder Ghee (gereinigte Butter) zum Anbraten

Den Wildreis kurz andünsten, dann mit warmem Wasser auffüllen und das Lorbeerblatt hinzufügen. 15–20 Minuten leicht köcheln, dann das Lorbeerwürzöl hinzufügen und auf der ausgeschalteten Herdplatte ausquellen lassen.

Auf ein angefeuchtetes Küchenbrett 1 Tropfen Thai-Würzessenzmischung (oder eine der anderen genannten Essenzen) geben und einreiben. Darauf die Zwiebel fein würfeln, die Lauchzwiebeln in hauchdünne Röllchen schneiden.

Verwenden Sie die Thai-Sojasauce, können Sie alle Zutaten gut vermischen. Nehmen Sie die einzelnen ätherischen Öle, dann diese in etwas Öl oder Butter emulgieren, bevor Sie sie mit den übrigen Zutaten und dem Reis vermengen.

Die Reismasse esslöffelweise ins heisse Öl oder Butterschmalz geben, mit dem Holzlöffel leicht flachdrücken und beidseitig anbraten.

Warm zu den Crevetten oder Garnelen reichen.

Tip: Reisplätzchen eignen sich ebenso warm zu aromagegartem Gemüse wie Bleichsellerie, Fenchel, Karotten, Kohlrabi oder kalt mit diversen Dips und Salaten für ein Picknick, als Pausensnack mit Gurken, Radieschen und etwas Senf zwischen zwei Scheiben Brot.

Bergamottesorbet

- 2 Eiweiss
- 150 ml Schlagrahm
- 2 EL Akazienhonig oder Ahornsirup
- 3 Tropfen ätherisches Bergamotteöl
- 2 Tropfen Vanilleessenz
- 1 Prise Bergamotte-Muskatellersalbei-Salz (Seite 25) oder Meersalz
- 1 Prise Vanillepulver

Eiweiss und Rahm getrennt sehr steif schlagen.

In den Akazienhonig oder Ahornsirup die ätherischen Öle träufeln, emulgieren und zusammen mit den restlichen Gewürzen unter den Rahm heben.

Den Eischnee vorsichtig unter den aromatisierten Rahm ziehen. In der Eismaschine oder im Gefrierfach gefrieren; im Gefrierfach in der ersten Stunden immer wieder umrühren, um die Eiskristalle zu zerkleinern.

Tip: Ich mache meine Sorbets, auch die aus Früchten, vorzugsweise (oft zu gleichen Teilen) aus Schlagrahm und einem dazupassenden Pflanzenwasser (Rose, Holunder, Orangenblüten) oder nach Belieben auch einem Likör (z.B. Rosenlikör).

Herbst

Füllhorn der Jahreszeiten

Von unseren fünf Sinnen ist der Geruchssinn sicher derjenige, der den besten Eindruck der Unsterblichkeit vermittelt.

Salvador Dali

Der Herbst ist die Zeit der Ernte, der Üppigkeit und des Überflusses. Er giesst ein Füllhorn an Früchten, Gemüse, Getreide, Kräutern und Salat über uns aus. Die Ernte ist eingebracht. Dankbarkeit und Erfüllung kehren bei Mensch und Tier ein; im Brauchtum drückt sich dies im Erntedankfest aus.

Mit der Tagundnachtgleiche wird der Beginn des Herbstes gefeiert. Die Griechen opferten zu diesem Zeitpunkt der schönen Demeter, indem sie die Altäre mit Blumen, goldenen Äpfeln, Apfelwein und Sesamkuchen schmückten. Sie feierten die Essenz des Lebens, den Überfluss der Natur, das Mysterium des Lebenskreislaufs.

Die bunten Blätter der Bäume und Sträucher zeugen jetzt von der Schönheit dieser Jahreszeit. Doch schon hängt ein erster Hauch von Herbstwehmut in der Luft, die bereits den Beginn der Laternenfeste einläutet. Die Bäuerin backt jetzt ihre Buchweizenpfannkuchen. Säckeweise werden in der warmen Herbstsonne Äpfel und Birnen eingefahren. Wer kennt noch den Duft von frisch gelesenem Obst, in dessen Geruch sich schon die stille Vergänglichkeit der Herbststimmung ankündigt?

Für die Winzer ist es die Zeit der Weinlese. Wein, das Lebenselixier schlechthin, ist ein göttliches Geschenk des Dionysos. Mysterien und Riten umranken diesen Trank. Ein chinesischer Philosoph schrieb: «Wer eine Stunde glücklich sein will, trinke einen Becher Wein.» Die Chinesen waren es auch, die es als erste verstanden, diesem Elixier durch die Beimischung ätherischer Öle eine zusätzlich aphrodisierende, betörende und zugleich die Haltbarkeit verlängernde Eigenschaft zu verleihen.

Der Herbst ist auch die Zeit der Nussernte. Hasel- und Walnüsse sind Fruchtbarkeitssymbole und kommen immer wieder in den Liebesorakeln vor. Zugleich ist die Nuss auch Symbol der Gesundheit und des Wohlergehens und hat deshalb in vielerlei Gebäck zum Advent seinen angestammten Platz.

Die Aromaschwere des Herbstes ruft noch einmal innere Bilder in uns wach, die uns an den Frühling und die üppige Sommerzeit erinnern. Doch mit seinen fruchtschweren, erdigen Modergerüchen trägt er schon den Hauch der Vergänglichkeit und des Abschieds in sich.

Halloween steht vor der Tür, es beginnt die geheimnisvolle, mystische Zeit ...

Madeleines au citron ou à l'orange (Rezept Seite 131) mit aromafeinem Kaffee oder Tee (Rezepte Seite 98 und 127).

Die zum Herbst passenden naturreinen Aromen und Düfte

- *Für den Anfang:* Bergamotte, Clementine, Mandarine, Orange, Vanille, Kakao und generell alle Zitrusöle

- *Zum Einstieg:* Basilikum, Dill, Estragon, Fenchel, grüner Pfeffer, Koriander, Lavendel, Lemongrass, Limette, Majoran, Melisse, Nelkenknospe, Oregano, Pfefferminze, Rosmarin, Thymian, Zitronenthymian (Thymian-Linalol), Zimtrinde

- *Fürs Besondere und für den Profi:* Anis, Bay, Bergbohnenkraut, Eisenkraut, Honig, Ingwer, Jasmin, Kakao, Kreuzkümmel, Muskatnuss, Muskatellersalbei, Nelke, Neroli, Rose, Salbei, Ysop

Herbstliches Aroma- und Duftprofil

- *Eine Aromafülle voller üppiger Duftnoten bestimmt das Geruchsbild:* erdig, würzig bis krautig, süss, vollfruchtig, schwerblütig, säuerlich, stark aromatisch bis modrig, pilzig, pflaumen- bis nussartig, fast dumpf holzig, schwer

Saisongerecht einkaufen

- *Gemüse:* Aubergine, Blumenkohl, grüne Bohnen, Brokkoli, Erbsen, Feldsalat, Fenchel, Gurken, Kapuzinerblüten und -samen, Karotten, Kartoffeln, Kohl oder Wirsing, Kohlrabi, Kopfsalat, Lauch, Mangold, Maronen, Radieschen (bis Mitte Oktober), Rande, Rettich, Rosenkohl, Rote Bete, Rucolasalat (Rauke), Spinat, Staudensellerie und Sellerieknolle, Tomaten, Zucchini

- *Obst:* Äpfel, Aprikosen, Birnen, Brombeeren, Honigmelonen, Nektarinen, Pfirsiche, Pflaumen, Quitten, Weintrauben

Einfaches, deliziöses Herbstmenü

Vorspeise

Kokos-Ingwer-Blumenkohlsuppe

Hauptspeise

Kichererbsenkugeln, serviert mit Kohlrabistreifen, Dillerleirahm und Kartoffel-Kürbis-Püree mit Bayaroma

Kokos-Ingwer-Blumenkohlsuppe

Eine oft erprobte Suppe, die immer viel Beachtung und Anerkennung fand.

- 500 g Blumenkohlröschen
- 1 l Wasser
- 1 Zitronenscheibe
- 1 Lorbeerblatt
- 100 g Kokosraspel oder aromatisierte Kokosraspel (siehe Seite 31)
- 1–2 TL Currypulver
- ½ l Gemüsebrühe
- 3 Tropfen ätherisches Ingweröl
- 1 EL Euro-Asia-Würzölmischung (Seite 25), fakultativ
- 200 ml Rahm
- 1 kräftige Prise Orangen-Lemongrass-Salz (Seite 25) oder Kräutersalz
- Pfeffer aus der Mühle

Den Blumenkohl im Wasser mit Zitronenscheibe und Lorbeerblatt etwa 20 Minuten weich kochen. Das Wasser abgiessen.

In einem zweiten Topf die Kokosraspel mit dem Currypulver ganz leicht anrösten, so dass sie noch nicht braun werden, anschliessend mit etwa 200 ml Gemüsebrühe ablöschen. Die Blumenkohlröschen dazugeben und mit dem Pürierstab fein passieren; falls nötig Gemüsebrühe nachgiessen. Aufköcheln lassen und die restliche Gemüsebrühe dazugeben.

Das Ingweröl und die Würzölmischung in den Rahm rühren. Die Suppe vom Feuer nehmen, den aromatisierten Rahm einrühren und die Suppe mit dem Aromasalz und Pfeffer abrunden.

In vorgewärmten Tellern servieren und mit ein paar Kokosraspeln oder -chips garnieren.

Tip: Besonders fein und exquisit wird die Suppe, wenn man sie durch ein Sieb passiert und mit einem aromatischen Pfefferrahmhäubchen veredelt.

Kichererbsenkugeln mit Kreuzkümmel

- 250 g Kichererbsen
- ½ l kaltes Wasser zum Einweichen
- 7 EL feines Dinkelmehl
- 1 Prise Rosenpaprika
- 1 TL aromatisches Gomasio (Seite 31; fakultativ)
- ½ TL Kreuzkümmelpulver
- ½ TL Korianderpulver
- ½ TL Bergamotte-Muskatellersalbei-Würzsalz (Seite 25) oder Meersalz
- 1 Tropfen ätherisches Kreuzkümmelöl
- 1 Tropfen ätherisches Korianderöl
- 1 TL Sesamöl
- Sesam-, Sonnenblumen- oder Maiskeimöl

Die Kichererbsen über Nacht im Wasser einweichen. Am nächsten Tag in der Küchenmaschine fein pürieren. Das Mehl und die festen Gewürze direkt in die Masse geben. Die ätherischen Öle in den Teelöffel Sesamöl träufeln, emulgieren und kräftig unter die Masse rühren.

Mit mehlbestäubten Händen aus der Kichererbsenmasse kleine Kugeln von 3 cm Durchmesser formen und fest zusammendrücken. Im Öl braten.

Kohlrabistreifen mit Dillerleirahm

- 150 ml Rahm
- ½ Zitrone, Saft
- 1 EL Dillerlei-Würzölmsichung (Seite 23) oder 2 Tropfen ätherisches Dillöl
- ½ Bund frisches Dillkraut oder Fenchelgrün
- 1 Prise Aromasalz (Seite 25) oder Meersalz
- 500 g Kohlrabi

Rahm und Zitronensaft mit dem Pürierstab leicht schaumig mixen. Das Würzöl oder das ätherische Öl darin emulgieren und mit dem feingeschnittenen Dill und dem Aromasalz abrunden.

Kürbis-Curry-Suppe (Rezept Seite 96).

Die Kohlrabi schälen und in feine Streifen raspeln. Die Kohlrabistreifen gut mit dem Dressing vermengen, falls nötig nachwürzen, und auf Tellern anrichten. Etwas frisches Dillgrün zur Verzierung darauflegen.

Kartoffel-Kürbis-Püree mit Bayaroma

- 500 g mehlige Kartoffeln
- 1 Lorbeerblatt
- 300 g weiches Kürbisfleisch
- 1 EL Sonnenblumenöl oder Butter
- 1 Prise Rosenpaprika
- 1 Prise Muskatnuss
- 1 TL Bergamotte-Muskatellersalbei-Salz (Seite 25) oder Kräutersalz
- 100 ml Rahm
- 1–2 Tropfen ätherisches Bayöl
- nach Belieben zusätzlich 1 Tropfen ätherisches Muskatnussöl
- 1 TL Rahm
- Pfeffer aus der Mühle

Die Kartoffeln zusammen mit dem Lorbeerblatt über Dampf garen, anschliessend schälen und durch eine Presse drücken.

Das Kürbisfleisch fein reiben und im Sonnenblumenöl andünsten. Paprika, Muskatnuss und das Aromasalz darunterrühren und mit dem Rahm ablöschen. Aufkochen und so lange köcheln lassen, bis das Kürbisfleisch weich ist; eventuell wenig Gemüsebrühe nachgiessen.

Das Kartoffelpüree dazurühren und erwärmen. Das Bayöl und nach Belieben das Muskatnussöl in dem Teelöffel Rahm emulgieren und kräftig unter das Püree rühren. Eventuell mit Pfeffer und Aromasalz noch etwas nachwürzen.

Das Püree mit dem Spritzbeutel dekorativ auf den Teller spritzen.

Tip: Statt mit Kürbis können Sie das Püree auch mit Karotten zubereiten.

Zweigängiges Menü

Hauptspeise

Herbstliches Risotto mit Steinpilzen,
Edle Käsesauce

Dessert

Luftiges Kastaniendessert

Herbstliches Risotto mit Steinpilzen

- 250 g Basmatireis
- 400 ml Gemüsebrühe
- 3 Tropfen ätherisches Zitronenöl
- 1 mittlere Zwiebel
- 1 Bund Petersilie
- 200 g Steinpilze
- 200 g Champignons
- 1 TL Butterschmalz oder Sonnenblumenöl
- 1 TL Fünf-Winde-Würzölmischung (Seite 23)
- 50 g geriebener Parmesan
- 1 TL Bergamotte-Muskatellersalbei-Salz (Seite 25) oder Meersalz
- 1 Spur Muskatnuss und gemahlener Pfeffer

Den Basmatireis kurz abspülen und in der Gemüsebrühe 20–25 Minuten weich kochen.

Auf ein angefeuchtetes Küchenbrett 2–3 Tropfen Zitronenöl träufeln und verreiben. Darauf die Zwiebel fein würfeln, die Petersilie fein hacken und die Pilze in feine Scheiben schneiden.

In einer tiefen Pfanne oder im Wok die Zwiebel im Butterschmalz anschwitzen, die Pilze dazugeben und ebenfalls anschwitzen. Die Würzölmischung unterrühren und alles zusammen unter den Risotto mischen. Den geriebenen Parmesan und die gehackte Petersilie unterziehen und mit dem Aromasalz, Muskatnuss und Pfeffer aromatisch abschmecken.

Zusammen mit der Käsesauce anrichten.

Edle Käsesauce

- 1 mittlere Zwiebel
- 1 EL natives Sonnenblumenöl
- 1 EL Naturreismehl
- 100 ml Vollmilch
- 100 ml trockener Weisswein
- 100 g Schafskäse
- 50 ml Rahm
- 1 EL Ingwer-Koriander-Tamari (Seite 26) oder 2 Tropfen ätherisches Ingweröl und 1 Tropfen ätherisches Korianderöl
- Pfeffer aus der Mühle

Die Zwiebel (nach Belieben auf einem aromatisch eingeriebenen Küchenbrett) fein würfeln und im Sonnenblumenöl glasig dünsten. Das Reismehl darüberstäuben, kurz anrösten und unter Rühren mit der Milch und dem Weisswein aufgiessen. Unter Rühren aufkochen und kurz sieden lassen.

Den Schafskäse durch ein Sieb drücken und in die Sauce einrühren.

Den Rahm und das Ingwer-Koriander-Tamari beigeben und mit Pfeffer abrunden. (Falls reine ätherische Öle verwendet werden, diese zuerst in einen Esslöffel Rahm träufeln, darin emulgieren und dann mit dem restlichen Rahm unterziehen.)

Luftiges Kastaniendessert.

Luftiges Kastaniendessert

Ein Dessert für etwas mehr Zeit und Musse. Marroni, Edelkastanien, waren das Hauptnahrungsmittel in den südlichen Alpentälern, bevor die Kartoffel ihren Siegeszug antrat.

Heute sind sie zu einer Winter- und Herbstdelikatesse avanciert.

- 500 g frische Edelkastanien
- 350 ml Milch
- 100 g Akazienhonig
- 2–3 EL Rum
- 5 Tropfen Vanilleessenz
- 3 Tropfen Kakaoessenz (fakultativ; besonders raffiniert mit 1 Tropfen Tonkaessenz)
- 50 g gehackte Mandeln
- ¼ l Rahm
- 3 Tropfen ätherisches Orangen- oder rotes Mandarinenöl

Die Kastanien vorkochen und schälen. In der Milch und dem Honig fertiggaren. Im Mixer pürieren.

In den Rum die Vanille- und die Kakaoessenz träufeln und emulgieren, zum Kastanienpüree giessen, die Mandeln hinzugeben und alles kräftig vermischen. Im Kühlschrank mindestens eine halbe Stunde erkalten lassen.

Den Rahm steif schlagen, das Zitrusöl hineinträufeln und gut einrühren. Die Hälfte des aromatisierten Rahms unter das Kastanienpüree heben. Die Masse als Vermicelles durch eine feine Kartoffelpresse in Schalen pressen oder in Nockenform anrichten und mit dem restlichen Rahm garnieren.

Ein Herbst-Blues

Vorspeise

Feldsalat mit Nusssauce und Parmesanspänen

Hauptspeise

Rote Gnocchi mit aromafeiner Roquefortcreme

Dessert

Panna cotta con aroma naturale

Für Franklin
Feldsalat mit Nusssauce und Parmesanspänen

Der amerikanische Staatsmann Benjamin Franklin (1706–1790) war ein vor allem auf das Praktische bedachter Mensch, und philosophische Spekulationen interessierten ihn nicht. Auch für die Antike hatte er wenig Verständnis. Als man ihm auf einer Reise durch Italien einmal lateinische Inschriften zeigte, sagte er: «Das Rezept des echten Parmesans wäre mir lieber.»

- 500 g Feldsalat (Nüsslisalat)
- 200 g gemischte Sprossen
- 2 EL Balsamicoessig
- ½ EL Würzsojasauce nach Wahl (Seite 26) oder Sojasauce
- 3 EL Akazienhonig
- 1 EL feiner Senf
- ½ TL Kräutersalz
- 4 EL Kürbiskernöl
- 1 EL Haselnussöl
- 1 TL O-sole-mio-Würzölmischung (Seite 23)
- 1 EL gehackte Walnüsse
- Parmesan am Stück

Den Salat putzen und einige Male gut waschen.

Für das Dressing Balsamicoessig, Sojasauce, Akazienhonig, Senf und Kräutersalz verrühren, die beiden Öle und das Würzöl langsam mit dem Schneebesen einrühren. Zum Schluss die Walnusskerne einstreuen.

Den Feldsalat und die Sprossen gut mit dem Dressing mischen, auf Tellern anrichten und mit frisch gehobelten Parmesanspänen bestreuen.

Rote Gnocchi

- 300 g mehlige Kartoffeln
- 150 g Quark oder Ricotta
- 1 Ei
- 2 Eigelb
- 150 g Dinkel- oder Weizenvollkornmehl
- 100 ml Rote-Bete-Saft (Randensaft)
- 2 EL O-sole-mio-Würzölmischung (Seite 23) oder fertig gekaufte Würzessenzmischung, ersatzweise ein Würzsalz (Seite 25) oder 2 Tropfen ätherisches grünes Pfefferöl, Korianderöl oder Muskatöl
- Meersalz und Muskatblüte

- Mehl oder Griess zum Bestäuben
- 1 TL Basilikumwürzöl (Seite 22) oder Würzölmischung nach Belieben

Die Kartoffeln weich kochen, schälen und heiss durch ein Sieb oder die Kartoffelpresse drücken.

Alle übrigen Zutaten zugeben und zu einem geschmeidigen Teig verkneten; falls er zu weich ist, noch etwas Mehl beifügen. 20 Minuten ruhen lassen. Dann daraus dünne Rollen formen und diese in 2 cm dicke Scheiben schneiden; jede Scheibe mit der Gabel flachdrücken.

Die Gnocchi mit Mehl oder Griess bestäuben, etwas antrocknen lassen. Dann in kochendem Salzwasser wenige Minuten vorsichtig garen lassen, bis sie an die Oberfläche steigen. Mit einem Sieblöffel abschöpfen.

Die Gnocchi, damit sie nicht zusammenkleben und zudem eine aparte Geschmacksnuance erhalten, nach Belieben mit einem Teelöffel Basilikumwürzöl oder einer Würzölmischung übergiessen und darin wenden, dann auf einer Platte anrichten.

Zu den Gnocchi passt sehr gut eine Würzkräuterbutter, ein Aromapesto (Seite 27) oder die folgende aromafeine Roquefortcreme.

Panna cotta con aroma naturale, angerichtet auf einem Spiegel von Blütenfruchtsauce (Rezept Seite 57), und Rosenlassi (Rezept Seite 75).

Roquefortcreme

- 300 g Roquefort
- 150 g Cremejoghurt oder Sauerrahm
- 1 Tropfen ätherisches grünes Pfefferöl oder Pfeffer aus der Mühle
- 3 Tropfen fertig gekaufte Capri-Würzessenzmischung oder 2 Tropfen ätherisches Zitronenöl und 1 Tropfen ätherisches Orangenöl
- ½ Handvoll Sommerkräuter Ihrer Wahl, wie Kresse, Korianderblätter (davon wenig), glatte Petersilie

Den Roquefort mit dem Joghurt oder Sauerrahm vermengen und mit dem Pürierstab kräftig emulgieren. Die ätherischen Öle dazuträufeln (am besten über einen Teelöffel) und in die Roquefortmasse einbinden. Mit fein gehackten frischen Kräutern bestreuen.

Panna cotta con aroma naturale

- 400 ml Rahm
- 1 Vanilleschote oder 1 TL Vanillepulver
- 30 g Akazienhonig
- 2 TL Johannisbrotkernmehl
- 5 Tropfen ätherisches Bergamotteöl
- 3 Tropfen Vanilleessenz

Den Rahm in einem Topf mit dem Mark der längs aufgeschlitzten Vanilleschote und der Schote sowie der Hälfte des Akazienhonigs langsam erhitzen und etwa 15 Minuten leicht köcheln lassen.

Das Johannisbrotkernmehl in kaltem Wasser einweichen.

Den Topf vom Herd ziehen, die Vanilleschote herausnehmen und das eingeweichte Johannisbrotkernmehl vollständig unterrühren.

In den restlichen Akazienhonig die ätherischen Öle einträufeln und in den Rahm rühren.

Die Masse in vier kleine kalt ausgespülte Förmchen füllen und im Kühlschrank 3–4 Stunden erkalten und fest werden lassen.

Tip: Die Creme kann auch ganz leicht mit einem Likör oder Marsala verfeinert werden.

Menü mit einem Hauch Exotik

Vorspeise

Blüten-Rucola-Salat mit Joghurt-Mandarinen-Dressing auf Karambolescheiben

Hauptspeise

Ingwer-Krabben-Bällchen, dazu Bananen-Curry-Dip und Duftreis

Zum Ausklang

Blutorangendrink

Blutorangendrink.

Blüten-Rucola-Salat auf Karambolescheiben

- 2 Tassen Blüten, z.B. von Ringelblumen, Chrysanthemen, Kapuzinerkresse
- 1 Bund Rucolasalat (Rauke)
- 2 EL Sonnenblumenöl
- 1 TL Capri-Würzölmischung (Seite 24) oder 1–2 Tropfen fertig gekaufte Capri-Würzessenz (fakultativ)
- 1–3 Tropfen ätherisches rotes Mandarinenöl
- 2 EL Joghurt
- Kräutersalz
- 2 Karambolen (Sternfrüchte) oder ½ frische Ananas

Die Blütenblätter sorgsam abzupfen, einige Blüten (ca. 1 EL) für die Garnitur zur Seite legen. Die restlichen Blüten in siedendem Wasser kurz blanchieren, dann abtropfen lassen. Den Rucola zerkleinern, waschen und mit den blanchierten Blütenblättern vermischen.

Das Sonnenblumenöl mit dem Capri-Würzöl oder der Capri-Würzessenz anrühren. Das ätherische Mandarinenöl tropfenweise im Sonnenblumenöl emulgieren. Mit dem Joghurt vermengen und mit Kräutersalz abrunden.

Die Karambolen in Scheiben schneiden, auf Teller legen und den Salat dazu anrichten. Mit Blütenblättern garnieren.

Ingwer-Krabben-Bällchen

- 500 g Spinat (grosse Blätter)
- 200 g Tofu
- 400 g Tiefseekrabben
- Saft von 1 Limette oder Zitrone
- 2 EL Thai-Sojasauce (Seite 26), notfalls durch Sojasauce oder Tamari ersetzen
- 2 Tropfen ätherisches Ingweröl oder ein walnussgrosses Stück Ingwer
- 3 Tropfen ätherisches Limettenöl oder Zitrusöl
- 125 g Doppelrahm (Crème double)
- 1 Ei
- Pfeffer und Salz
- 300 ml Gemüsebrühe oder Wasser
- 3 Tropfen fertig gekaufte Thai-Würzessenzmischung

Den Spinat verlesen und waschen. In kochendem Salzwasser blanchieren, dann abgiessen und abtropfen lassen. Die Spinatblätter auf Küchenpapier ausbreiten und mit einem feuchten Küchenpapier, das mit einem Tropfen ätherischem Zitronenöl beträufelt wurde, abdecken.

Den Tofu und 150 g von den Krabben klein würfeln. Den Limetten- oder Zitronensaft mit der Thai-Sojasauce und den ätherischen Ölen zu einer Marinade rühren und 5 Minuten ziehen lassen. (Falls Sojasauce oder Tamari verwendet wird, die ätherischen Öle zuerst darin emulgieren.)

Den Doppelrahm mit den marinierten Tofu- und Krabbenstücken im Mixer fein pürieren. Das Ei unterrühren und mit Salz und Pfeffer abrunden.

Ein kleines Teesieb so mit Spinatblättern auslegen, dass sie über den Rand hängen. Einen gehäuften Teelöffel Krabbenpüree hineingeben, 1–2 ganze Krabben daraufsetzen und die Spinatblätter über der Füllung zusammenschlagen. Mit einem Zahnstocher fixieren.

Die Beutel in einem Bambuskorb oder einem Dämpfeinsatz über 300 ml Gemüsebrühe oder Wasser etwa 12 Minuten dämpfen und weitere 3 Minuten nach Zugabe von 3 Tropfen Thai-Würzessenzmischung oder ätherischen Ölen Ihrer Wahl zur Brühe. Mit Bananen-Curry-Dip oder Duftreis servieren.

Bananen-Curry Dip

- ½ Banane
- 100 g Sauerrahm
- 3 EL Zitronensaft
- 1 Tropfen fertig gekaufte Thai-Würzessenzmischung oder 1 Tropfen ätherisches Lemongrassöl
- 1 EL Kokosraspel
- 1–2 TL Currypulver
- etwas Orangen-Lemongrass-Salz (Seite 25) oder Meersalz

Die Banane fein zerdrücken und mit dem Sauerrahm gut vermengen.

In den Zitronensaft die ätherischen Öle einträufeln, emulgieren und zusammen mit den Kokosraspeln beigeben. Mit dem Currypulver und Aromasalz abschmecken.

Blutorangendrink

- 500 ml Blutorangensaft
- 200 ml Apfelsaft
- 3 TL Orangen-Bergamotte-Honig (Seite 28) oder 2 Tropfen ätherisches Bergamotteöl und 1 Tropfen Vanilleessenz oder ätherisches Orangenöl
- ½ Zitrone, Saft

Den Blutorangen- und Apfelsaft mit dem Würzhonig kräftig in einem Krug verrühren.

Die Ränder der Gläser in Zitronensaft und anschliessend ausnahmsweise in Kristallzucker tauchen. Den kalten Drink darin servieren.

Tip: Wer auf Süsses ganz verzichten will, kann als Abschluss einen Cocktailtomatenmix geniessen.

Das herbstliche Füllhorn – Menü in 5 Gängen

Ein Hauch von Sinnlichkeit und Aromantik

Bei diesem Essen werden mit den gewählten pheromonhaltigen Aroma- und Duftstoffen des Selleries und des Muskatellersalbeis Lockstoffe freigesetzt. Diese Wirkstoffe können in hohen Dosierungen manchmal schweissig, animalisch, fettig riechen; man merkt dies zum Beispiel, wenn man mit der Hand über die Blätter des Muskatellersalbeis streicht. Fein dosiert, schaffen sie jedoch eine prickelnde, anregende Atmosphäre – Sinnlichkeit duftet und lässt zwischen Menschen Kommunikation entstehen.

Einstimmung

Amuse-bouche von Avocadomousse

Erste Vorspeise

Gurkencarpaccio (siehe Variante Seite 69)

Zweite Vorspeise

Kürbis-Curry-Suppe

Hauptspeise

Kalbsmedaillons mit Bleichsellerie
und aromatischer Portweinsauce

Dessert

Kokos-Vanillecreme mit Granatapfelsamen

Ausklang

Aromafeiner Kaffee

Der Philosophen Hunger

Der Tyrann Dionys von Syrakus fragte den Philosophen Aristipp aus Kyrene, einen Schüler des Sokrates, warum die Philosophen so oft den Fürsten, nicht aber die Fürsten den Philosophen ihre Aufwartung machten.

«Das kommt daher», antwortete Aristipp, «weil die Philosophen Hunger haben, die Fürsten aber nicht.»

Avocadomousse

- 1 reife Avocado
- 70 g Gorgonzola oder Sauerrahm
- 2 Tropfen ätherisches Limettenöl oder Zitronenöl
- 1 Tropfen ätherisches grünes Pfefferöl
- 1 EL Limetten- oder Zitronensaft
- 1 Prise Orangen-Lemongrass-Salz (Seite 25) oder Kräutersalz
- nach Belieben einige Chicoréeblätter und Karottenstücke oder andere Garnitur

Die Avocado schälen und zusammen mit dem Gorgonzola im Mixer oder mit dem Pürierstab zu einer Creme mixen.

½ Teelöffel der Creme abnehmen, die ätherischen Öle hineinträufeln und darin emulgieren. Dann mit den restlichen Zutaten unter die Avocadocreme rühren.

Mit dem Spritzsack mit Sterntülle 2 kleine Häufchen auf jeden Teller spritzen und dazu nach Belieben Chicoréeblätter und länglich geschnittene Karottenstücke legen.

Variation: ½ Avocado pürieren, die andere Hälfte in kleine Würfel schneiden. Eine Tomate klein würfeln, 1 Esslöffel Maiskörner dazugeben. Alles mischen und mit Borretschblüten oder Kräutern garnieren.

Kalbsmedaillon mit gedämpftem Bleichsellerie und aromatischer Portweinsauce, Avocadomousse und Chicorée-Mandarinen-Salat (Rezept Seite 111).

Kürbis-Curry-Suppe

Dann naht das Ende der Erntezeit, und die Kürbisfreude hält Einzug …

- 2 Tropfen fertig gekaufte Capri-Würzessenz oder 1 Tropfen ätherisches Zitronenöl
- 1 grosse Zwiebel
- 2 grosse Karotten
- 1 EL Kürbiskernöl oder Butter
- ½ mittelgrosser Hokkaidokürbis (ca. 500 g) oder andere Kürbissorte
- 200 ml Gemüsebrühe
- 50 ml Rahm
- 1 TL Currypulver
- 1 TL Euro-Asia-Würzölmischung (Seite 25)
- 2 Tropfen ätherisches Korianderöl
- 1 TL Aromasalz (Seite 25) oder Meersalz
- 1 Schuss Sherry

Auf ein angefeuchtetes Küchenbrett die Capri-Würzessenz träufeln und darauf die Zwiebel grob hacken, die Karotten in Scheiben schneiden. Beides im heissen Kürbiskernöl sautieren.

Das Fruchtfleisch des Kürbis in Würfel schneiden, beigeben und unter ständigem Rühren braten und einköcheln lassen, bis es gar ist und das volle Aroma entfaltet.

Im Mixer pürieren, dann zurück in den Topf geben. Die Gemüsebrühe und den Rahm beigeben und mit dem Curry, den Würzölen, dem Aromasalz und Sherry fein abschmecken. In vorgewärmten Schalen servieren.

Kalbsmedaillons mit Bleichsellerie und aromatischer Portweinsauce

Diese Muskatellersalbei-Medaillons waren für die Köche des Frankfurter Hofs, für die ich einmal ein Seminar gegeben habe, anscheinend ein unvergesslicher Aromagenuss, denn noch zwei Jahre später wurde ich von einem von ihnen darauf angesprochen.

- 2–3 EL (20 ml) Sherry
- 2 EL Muskatellersalbeiessig (siehe Tip)
- 4 Kalbsmedaillons

- 500 g Bleichsellerie
- 300 ml Gemüsebrühe
- 1 Lorbeerblatt oder mehrere Liebstöckelblätter
- 1 EL Dill-&-Co.-Würzölmischung (Seite 23)

- 1–2 EL natives Sonnenblumenöl oder Butterschmalz
- 1–2 TL Muskatellersalbeisalz (Seite 25)

Portweinsauce:

- 120 g Butter
- 2 Tropfen ätherisches Zitronenöl
- 3 mittelgrosse Zwiebeln
- 150 ml Portwein
- 2 EL Weinessig
- restlicher Marinadensud von den Kalbsmedaillons
- 3 frische Eigelb
- 1 Tropfen ätherisches Zitronenöl
- 2 Tropfen ätherisches grünes Pfefferöl
- 2 Tropfen ätherisches Korianderöl
- 2 Tropfen ätherisches Limettenöl
- 1 kräftige Prise Muskatellersalbeisalz (Seite 25)
- gemahlener Pfeffer

Den Sherry und Muskatellersalbeiessig zu einer aromatischen Marinade rühren.

Die Kalbsmedaillons leicht flach klopfen und in die Marinade einlegen; 30 Minuten im Kühlschrank ziehen lassen.

Inzwischen den Sellerie zubereiten. Die Selleriestangen in Scheiben schneiden. Die Gemüsebrühe mit Lorbeer oder Liebstöckel aufkochen und den Sellerie darin etwa 5 Minuten blanchieren. Am Ende das Würzöl dazugeben und gut untermischen.

Die Kalbsmedaillons aus der Marinade heben, trockentupfen und im heissen Fett beidseitig braten. Auf beiden Seiten mit Muskatellersalbeisalz bestreuen und warm stellen. (Das Fleisch nie vor dem Braten salzen, sonst trocknet es aus.) Die restliche Marinade kommt in die Portweinsauce.

Für die Sauce die Butter in einer kleinen Pfanne zerlaufen lassen, zur Seite stellen und ein wenig auskühlen lassen.

In der Zwischenzeit auf einem angefeuchteten Küchenbrett 2 Tropfen ätherisches Zitronenöl einreiben und darauf die Zwiebeln klein würfeln. Die Zwiebeln im Portwein und den 2 Esslöffeln Essig aufkochen und bis auf 5 Esslöffel Flüssigkeit reduzieren. Am Schluss den restlichen Marinadensud beigeben und einkochen lassen. Vom Feuer nehmen, durch ein Sieb giessen und gut ausdrücken. Die Flüssigkeit wieder in die Pfanne zurückgeben.

Die Eigelbe mit der Butter schaumig schlagen, die ätherischen Öle über einen Teelöffel hineinträufeln und kräftig unterrühren. Den Portweinfond beigeben und unter ständigem Rühren auf kleiner Flamme erwärmen, bis die Sauce andickt; auf keinen Fall mehr kochen. Nach Bedarf noch mit Muskatellersalbeisalz und etwas gemahlenem Pfeffer abrunden.

Den blanchierten Sellerie als kleine Bündel, dekorativ mit einem Stengel zusammengebunden, auf vorgewärmte Teller legen. Die Kalbsmedaillons dazu anrichten und mit der Portweinsauce überziehen. Nach Belieben mit je zwei halbierten Weintrauben oder Melissenblättern garnieren.

Dazu passt sehr gut Wildreis und Duftreis gemischt. Bei dem Seminar im Frankfurter Hof reichte ich dazu Wildreisnudeln mit Estragonbutter.

Tip: Aromatisierte Essige sind ideal für Vinaigrettes, und ein paar Tropfen davon geben manchem Gericht das gewisse Etwas.

Für Muskatellersalbeiessig in 50 ml Weinessig je nach gewünschter Intensität 5–10 Tropfen ätherisches Muskatellersalbeiöl träufeln (mit wenigen Tropfen beginnen). Wenn vorhanden noch ein paar Muskatellersalbeiblüten dazugeben; sie werden nach einigen Tagen wieder herausgefiltert.

Diese Art der Essigherstellung können Sie auch mit frischen Blüten und ätherischem Estragon-, Lavendel-, Rosmarinöl oder anderen Sorten Ihrer Wahl gestalten.

Die Medaillons gelingen auch gut ohne Marinade, also nur mit dem Aromasalz.

Kokos-Vanillecreme mit Granatapfelsamen

Auf Süsse kann verzichtet werden.

- 1 Kokosnuss
- 1/4 l Rahm
- 5 Tropfen Vanilleessenz
- 1 Tropfen ätherisches Bergamotteöl (fakultativ)
- 100 g zart geröstete oder aromatisierte Kokosraspel (Seite 31)
- Samen von 1/2 Granatapfel
- 1 Prise Vanillepulver (getrocknete gemahlene Schoten; Naturkostladen)

Die Kokosnuss mit dem Hammer aufschlagen. Vorhandene Kokosmilch auffangen und beiseitestellen.

Den Rahm kräftig aufschlagen, die Vanilleessenz und das Bergamotteöl hineinträufeln und kräftig einrühren. Die Kokosraspel und, falls vorhanden, die Kokosmilch unterziehen. In einen Spritzbeutel mit grosser Sterntülle füllen und in die beiden Kokoshälften dressieren. Mit den ausgekratzten Granatapfelkernen und dem Vanillepulver bestreuen.

Diese wohlschmeckende Nachspeise kommt ohne Süssstoff aus. Wer es dennoch süsser wünscht, kann einen Teelöffel eines aromatisierten Honigs (siehe Seite 28) dazugeben.

Aromafeiner Kaffee

Das Kaffeearoma lässt sich bereits beim Aufbrühen des Kaffees mit 1–2 Tröpfchen Vanille- oder Kakaoessenz, mit ätherischem Kardamom- oder Zimtöl und einer Spur Salz verfeinern. Die Öle auf das Kaffeepulver träufeln und mit kochendem Wasser überbrühen. In Kaffeetassen giessen, auf jede eine aufgeschäumte Milchhaube setzen und mit Kakaopulver bestäuben.

Ein exquisites, raffiniertes, fast orientalisches Duftbouquet erhalten Sie, wenn Sie bereits fertigen Kaffee mit Orangen- oder Rosenwasser versetzen (auf ca. 6 Portionen ein Teelöffel). Dazu passt geschlagener Rahm, eventuell leicht mit Vanille oder einem Blütenaroma versetzt.

Mit diesen feinen Aromen lässt sich die Stimmung und Atmosphäre subtil beeinflussen und ein sanfter Ausklang eines Abends zaubern …

Kokos-Vanillecreme mit Granatapfelsamen (Rezept Seite 97).

Einmachzeit: Chutneys, eingemachte Pickles und Marmeladen

Chutneys und Relishes kommen ursprünglich aus Indien; das indische *chanti* bedeutet soviel wie «scharf gewürzt». Für Chutneys lässt man Früchte und Gemüse in Essig und Honig zu einem süss-sauren, oft scharf gewürzten Mus von marmeladenartiger Konsistenz kochen. Eine vielseitige Beilage zu Gemüse, Teigtaschen, Fisch, Fleisch, Geflügel und Grilliertem.

Aromatischer Würzessig und Aromawürzsalz sind die wesentlichen Bestandteile von Pickles. Sie sorgen dafür, dass die in dieser Weise eingemachten Gemüse und Früchte haltbar sind, und machen sie zu aromatisch-pikanten Leckerbissen.

Gelee und Marmeladen, Köstlichkeiten voller Duft und Aroma, selbst herzustellen bereitet Freude für andere und für sich selbst; früher war es eine Notwendigkeit zur Vorratshaltung. Für die Aromaküche bietet sich hier ein weites Feld, extravagante Finessen hineinzuzaubern.

Säuerliche Kochäpfel, Zitrusfrüchte, Stachelbeeren, rote und schwarze Johannisbeeren und Quitten zählen zu den pektin- und säurereichsten Früchten. Einen hohen Pektingehalt haben auch Aprikosen, Brombeeren und Himbeeren, die die besten Marmeladen und Gelees ergeben. Man braucht für Marmelade dann kaum Pektin zuzugeben.

Nach dem Einkochen der Beeren oder Früchte, kann das Mus mit aromatisiertem Akazienhonig vielfältig abgerundet werden.

Mango-Dattel-Orangen-Chutney

Für ca. 1 kg

- 250 g unbehandelte Orangen
- 250 g Zwiebeln
- 250 g Mangofleisch
- 350 g Akazienhonig
- 50 g Ahornsirup
- 2 TL Orangen-Lemongrass-Würzsalz (Seite 25)
- 2 Msp. Chilipulver oder 1 Prise geriebene getrocknete Chili
- 700 ml Weinessig
- 250 g entsteinte und gehackte Datteln
- 50 ml aromatischer Essig (Seite 100)
- 2 EL Mandarinen-Orangen-Sirup (Seite 28)
- 5 Tropfen fertig gekaufte Euro-Asia-Würzessenzmischung oder einzelne ätherische Öle aus der gleichnamigen Würzölmischung (Seite 25)

Die Orangenschalen mit dem Zestenmesser abziehen und zur Seite stellen.

Die Zwiebeln auf einem mit ätherischem Orangenöl eingeriebenen Küchenbrett fein hacken. Die Orangen filetieren, entkernen und auf demselben Küchenbrett fein hacken. Die Mango schälen und klein würfeln.

Akazienhonig, Ahornsirup, einen Teelöffel Aromawürzsalz, Chilipulver und Weinessig in einem grossen Stahltopf mischen und bei starker Hitze zum Kochen bringen. Ständig rühren, bis sich der Honig löst.

Mango, Datteln, Orangen, Zwiebeln und die Hälfte der abgeriebenen Orangenschalen dazugeben. Die Temperatur zurückschalten und die Mischung etwa 1 Stunde sanft köcheln lassen, bis sie eingedickt ist.

Die restlichen Orangenschalen und den aromatischen Essig unterrühren. In den Mandarinen-Orangen-Sirup die ätherischen Öle träufeln, darin emulgieren und behutsam unterziehen. Das Chutney kräftig durchrühren und mit dem restlichen Aromawürzsalz abrunden.

In sterilisierte, vorgewärmte Gläser füllen, abkühlen lassen und verschliessen. Dunkel aufbewahren.

Eingemachte Pickles

Für Pickles eignen sich Artischockenherzen, Blumenkohl, Brokkoli, Champignons mit noch geschlossenen Hüten, Gurken, Paprika (Peperoni), rote Bete (Randen) und Zwiebeln.

Der Essigsäuregehalt muss mindestens 5% betragen, damit der Essig seine konservierende Wirkung entfalten kann.

Süss-saurer Aromaessig:

- 1 1/2 kg verschiedenfarbiges Gemüse (siehe oben)
- 600 ml Himbeer-, Obst- oder Weinessig
- ca. 25 Tropfen ätherische Öle nach Wahl, z.B. 7 Tropfen ätherisches Korianderöl, 5 Tropfen ätherisches Bayöl, 3 Tropfen ätherisches Nelkenöl, 5 Tropfen ätherisches Orangen- oder Mandarinenöl und noch 5 Tropfen eines anderen Zitrusöls Ihrer Wahl oder 10 Tropfen von einer Sorte Zitrusöl
- 500 g Akazienhonig

Aromatischer Öl-Essig-Sud:

- 1 1/2 kg verschiedenfarbiges Gemüse (siehe oben)
- 1/2 l Weissweinessig
- 1/2 l natives Olivenöl
- 20 Tropfen fertig gekaufte Dill-&-Co.-Würz essenzmischung oder einzelne ätherische Öle aus der gleichnamigen Würzölmischung (Seite 23)
- 5 Tropfen ätherisches Lorbeeröl
- 10 Tropfen ätherisches Zitronenöl

Das Gemüse waschen und putzen. Getrennt in sprudelndem Salzwasser kurz vorgaren. Abgiessen, abtropfen lassen und nach Belieben klein schneiden.

Für den süss-sauren Essig die ätherischen Öle in den Essig träufeln und emulgieren. Den Akazienhonig leicht anwärmen, so dass er flüssig wird, und einrühren. Für den Aromatischen Öl-Essig-Sud den Weissweinessig mit dem Olivenöl kurz aufköcheln, dann abkühlen lassen und die ätherischen Öle darin emulgieren.

Das Gemüse in bunter Reihenfolge in sterilisierte Einmachgläser schichten und mit dem Aromaessig übergiessen. Nach Belieben auf jedes Glas ein halbes Lorbeerblatt geben. Die Gläser kühl und dunkel aufbewahren.

Aromatischer Blüten-Kräuter-Essig

Klassisch sind Essig mit Estragon, Rosmarin oder Salbei. Raffinierte Bouquets entstehen mit ätherischen Ölen und frischen Blüten je nach Jahreszeit, etwa von Lavendel oder Rosen.

- 1/4 l Himbeer-, Obst- oder Weinessig
- für ein Einzelaroma 25 Tropfen eines ätherischen Einzelwürzöls (wie Estragon, Lavendel fein, Rosmarin usw.) oder für eine raffinierte Essigmischung 15 Tropfen ätherisches Lavendelöl fein, 5 Tropfen ätherisches Korianderöl und 3 Tropfen ätherisches Lorbeeröl

Für einen edlen Rosen-Himbeeressig:

- 1/4 l Himbeeressig
- 5 Tropfen ätherisches türkisches Rosenöl
- 2 Tropfen ätherisches Korianderöl
- 5 Tropfen ätherisches Bergamotteöl

Verwendung finden diese Aromaessige in Vinaigrettes, Saucen, Dips, Marinaden, Sud und zum Einlegen von Gemüse.

Eingesalzenes Gemüse

Stark wasserhaltige Gemüse können durch Einsalzen (Einlegen in Meersalz oder Lake) entwässert werden.

- 750 g Gemüse (z.B. Brokkoli, Zwiebeln)
- 1/2 l Wasser
- 60 g Meersalz, versetzt mit 5 Tropfen ätherischem Estragon-, 5 Tropfen ätherischem Lorbeer- und 1 Tropfen Nelkenöl

Zum Trockeneinsalzen rechnet man:

- 750 g Gemüse (Gurken, Tomaten usw.)
- 100 g aromatisches Salz
- z.B. je 5 Tropfen ätherisches Bay- und Lorbeeröl oder Basilikum und Oregano nach Gusto

Das Gemüse 24 Stunden stehen lassen und vor dem Weiterverarbeiten abspülen.

Gelee und Marmelade: Grundrezept

Auf 500 g Früchte rechnet man etwa 300 g Akazienhonig oder Melasse.

Vor dem Kochen 1 Teelöffel Honig oder Melasse wegnehmen und darin je nach Gusto 10–15 Tropfen ätherische Öle von Früchten, wie Clementine, Mandarine rot oder grün, und von Vanille emulgieren. Raffiniert zu Johannisbeergelee ist zusätzlich 1 Tropfen Minz- oder Rosmarinöl. Zu Stachelbeeren probieren Sie's für ein höchst erstaunliches Aroma einmal mit 2 Tropfen ätherischem Estragonöl, kombiniert mit 10 Tropfen Orangenöl.

Den aromatisierten Honig oder die Melasse erst beim Abkühlen in die Marmelade oder das Gelee einrühren. In sterilisierte Gläser füllen und fest verschliessen.

Hagebutten-Rosen-Marmelade

Dieses Rezept, das schon fast ein Kompott ergibt, kommt aus Dänemark. Man holt dort diese Marmelade erst im Vorfrühling aus der Speisekammer, denn die Früchte haben einen hohen Vitamin-C-Gehalt und sind daher ein ideales Stärkungsmittel. Es können alle fleischigen Hagebutten von Wild- oder Gartenrosen verwendet werden.

- 1 kg Hagebutten, die Samen entfernt
- 175 ml Rosen-Himbeeressig (Seite 100)
- 275 ml Wasser
- 500 g Akazienhonig
- Saft von 1 ungespritzten Zitrone
- 1 EL Rosenwasser
- 7 Tropfen ätherisches Rosenöl
- 2 Tropfen ätherisches Korianderöl

Hagebutten, Essig und Wasser in einem Topf köcheln lassen, bis die Hagebutten fast weich sind.

Vom Akazienhonig 1 Esslöffel zurückbehalten, den Rest fast am Ende der Kochzeit zu den Hagebutten geben und noch leicht mitköcheln lassen, bis die Marmelade eindickt.

Den Zitronensaft mit dem Rosenwasser vermischen. Die ätherischen Öle im zurückbehaltenen Esslöffel Honig emulgieren und unter den Rosen-Zitronensaft rühren.

Die Marmelade leicht abkühlen lassen und die aromatische Mischung unterziehen. Die Marmelade am besten in Keramik- oder Porzellangefässe füllen und vor Lichteinfall geschützt lagern.

Apfelgelee und Rosen-Apfel-Marmelade

- 1 kg Kochäpfel, wenn möglich ungespritzt
- 1 Zitrone und 1 Orange, Saft
- 500 g Akazienhonig
- 20 ml Rosen-, Orangenblüten- oder Holunderwasser
- 10 ml (ca. 2 EL) Rosenpelargoniensirup oder 8 Tropfen ätherisches Rosengeranienöl oder 5 Tropfen Vanilleessenz

Die Äpfel waschen, aber nicht schälen, in Stücke schneiden und auf mittlerer Hitze weich kochen. Den Orangen- und Zitronensaft einrühren. Das Obst durch ein Seihtuch oder Musselin sieben; die gesamte Flüssigkeit ablaufen lassen, dabei nicht drücken.

Den Akazienhonig (falls ätherische Öle verwendet werden, 50 g Honig zurückbehalten) und das Blütenwasser dazugeben und unter ständigem Rühren nochmals kurz aufkochen. Danach den Sirup unterziehen. Falls ätherische Öle verwendet werden, diese in den zurückbehaltenen Akazienhonig einträufeln und kräftig verrühren; erst dann zur Geleeflüssigkeit geben. In sterilisierte Gläser füllen.

Tip: Zur Verfeinerung auf jedes Glas einen Teelöffel Rosenlikör träufeln und mit einer Klarsichtfolie fest verschliessen. Verleiht ein spezielles Aroma.

Variante: Für eine duftende Rosen-Apfel-Marmelade wie oben verfahren, dazu noch 500 g ungespritzte Rosenblüten und zusätzlich 300 g Akazienhonig geben. Das bittere weisse Ende von jeder Rosenblüte abschneiden. Die Äpfel und die Hälfte der Rosenblüten wie oben einköcheln. Dann durch ein Musselintuch sieben, den Akazienhonig und die restlichen Rosenblüten zufügen und mit den übrigen Zutaten wie oben beschrieben verfahren.

Winter

Besinnlichkeit und Reise nach innen

Wo sich Wohlgeruch verströmte, liessen sich die Götter nieder, denn der Duft galt in früheren Zeiten als die Nahrung der Götter, Ambrosia. Durch Rauch- und Salbopfer sowie Duftschwaden fein aromatisierter Speisen konnten die Menschen die Gottheiten wohlgesonnen stimmen. Rituale, Tänze und Bittgebete zu den Jahresfesten wurden oft mit Duftbotschaften verbunden, an die Wünsche um Schutz und Hilfe für die kommende Zeit geknüpft wurden.

Zeit der Wärme und Geborgenheit

In der winterlichen Zeit der langen Abende und der Musse sind wir besonders empfänglich für Rituale, Magisches und Mystisches. Erinnerungen steigen hoch, Duft- und Aromaerlebnisse lassen uns oftmals Reisen in frühere Zeiten machen. Marcel Proust erinnerte sich beim Genuss einer Madeleine, eines Kekses, an seine Kindheit in einem kleinen französischen Dorf:

«Sobald ich den Geschmack jener Madeleine wiedererkannt hatte, die meine Tante mir, in Lindenblütentee eingetaucht, zu verabfolgen pflegte (obgleich ich noch immer nicht wusste und auch erst späterhin würde ergründen können, weshalb die Erinnerung mich so glücklich machte), trat das graue Haus mit seiner Strassenfront, an der ihr Zimmer sich befand, wie ein Stück Theaterdekoration zu dem kleinen Pavillon an der Gartenseite hinzu und mit dem Hause die Stadt, der Platz, auf den man mich vor dem Mittagessen schickte, die Strasse, die ich von morgens bis abends und bei jeder Witterung durchmass, die Wege, die wir gingen, wenn schönes Wetter war. Ebenso stiegen jetzt alle Blumen unseres Gartens und die aus dem Park von Monsieur Swann, die Seerosen auf der Vivonne, die Leutchen aus dem Dorfe und ihre kleinen Häuser und die Kirche und ganz Combray und seine Umgebung, alles deutlich und greifbar, die Stadt und die Gärten auf aus meiner Tasse Tee.»

Dieses Dufterlebnis inspirierte den Dichter zu seinem Hauptwerk «Auf der Suche nach der verlorenen Zeit».

Vielleicht haben Sie eine ähnliche Inspiration bei einer gemütlichen Teestunde, beispielsweise mit selbst aromatisiertem Earl Grey aus Darjeelingtee und ätherischem Bergamotteöl. Dieses Öl schenkt Musse, reduziert Anspannung und fördert die Kommunikation. Kardamom, Ingwer, Kakao, Nelke, Vanille und Zimt vermitteln Wärme und Geborgenheit. Mit Zitrusdüften kombiniert (beispielsweise Zimt, Nelke und Orange), lassen sie unser Herz aufgehen. Vor allem wenn es draussen trist und grau ist, werden sie zu wahren Seelenschmeichlern.

Malen Sie die Winterzeit mit Düften bunt!

Apfeltarte rosé und Apfelpunsch (Rezepte Seite 128 und 129).

Die zum Winter passenden naturreinen Aromen und Düfte

- *Für den Anfang:* Bergamotte, Clementine, Mandarine, Orange, Vanille, Kakao und generell alle Zitrusöle

- *Zum Einstieg:* Dill, Estragon, Fenchel, grüner Pfeffer, Koriander, Lavendel, Lemongrass, Limette, Majoran, Melisse, Nelkenknospe, Oregano, Pfefferminze, Rosengeranie, Rosmarin, Thymian, Zimtrinde, Zitronenthymian (Thymian-Linalol)

- *Fürs Besondere und für den Profi:* Anis, Bay, Bergbohnenkraut, Kardamom, Eisenkraut, Gingergrass, Honig, Ingwer, Jasmin, Kakao, Kreuzkümmel, Muskatellersalbei, Nelkenknospe, Neroli, Rose, Salbei, Tonka, Ysop

Winterliches Aroma-Duftprofil

- *Ein Duftbild voller warm-würziger, fast exotischer bis herbfruchtiger Noten:* samtig bis kakaoartig, zimtig, nelkig, vanillig, gewürzig voll bis wohlig schwer, nussig, honigartig, karamelartig, erdig, harzig, holzartig, wurzelig, kohlig

Saisongerecht einkaufen

- *Gemüse:* Blumenkohl, grüne Bohnen, Brokkoli, Chicorée, Eisbergsalat, Feldsalat (Nüsslisalat), Fenchel, Karotten, Kartoffeln, Kohl oder Wirsing, Kohlrabi, Kürbis, Lauch, Maronen (Kastanien), Pastinaken, Randen, Rettich, Rosenkohl, Rote Bete, Schwarzwurzel, Sellerieknolle und Staudensellerie

- *Obst:* Äpfel, Birnen, getrocknete Aprikosen, Datteln, Pflaumen, Quitten

Menu exotique in zwei Gängen

Aristipp soll dem König Dionysios, wo er nur konnte, geschmeichelt haben. So stieg er höher und höher in dessen Gunst und erwarb sich Ansehen und Wohlstand. Eines Tages sah er Diogenes damit beschäftigt, Linsen zu waschen.

«Wenn du nur lernen wolltest», rief er aus, «dem König mit ein wenig mehr Zuvorkommenheit zu begegnen, dann hättest du es nicht nötig, Linsen zu waschen.»

«Und du», erwiderte Diogenes, «wenn du nur lernen wolltest, mit Linsen zufrieden zu sein, dann hättest du es nicht nötig, dem König zu schmeicheln.»

Diogenes wusste wohl Bescheid über den ernährungsphysiologischen Wert von Linsen – abwechslungsreich gekocht, ergeben sie ideale eiweissreiche Wintergerichte.

Hauptspeise

Indisches Dal mit Kreuzkümmel, dazu roter Camarguereis und Tofu-Aromanaise

Dessert

Kompott mit Kardamom-Joghurt

Indisches Dal

Dal sind rote Linsen, die im südostasiatischen Raum immer mit Reis serviert werden.

- 500 g rote Linsen (Naturkostgeschäft)
- 1 l Gemüsebrühe
- 1 Lorbeerblatt
- 2 Tropfen ätherisches Kreuzkümmelöl (fakultativ)
- 2 TL Euro-Asia-Sojasauce (Seite 26)
- 2 EL Apfelessig oder 1 EL Apfelessig und 1 EL Würzessig (Seite 100)

Die Linsen gründlich waschen und in der Gemüsebrühe zuerst eine halbe Stunde einweichen. Die aufgequollenen Linsen zusammen mit dem Lorbeerblatt etwa 15 Minuten in der Brühe garen, eventuell noch etwas Gemüsebrühe nachschütten.

Das ätherische Kreuzkümmelöl in die aromatische Sojasauce oder den Apfelessig träufeln, emulgieren und am Ende alle Würzmischungen nach und nach unterziehen. Probieren Sie zwischendurch, eventuell brauchen Sie nicht alles.

Roter Camarguereis

300 g roter Camarguereis oder eine andere Reissorte	
½ l Gemüsebrühe	
3 EL aromatisches Gomasio (Seite 31)	

Den Reis gründlich waschen, kurz einweichen und eine halbe Stunde gar kochen. Wenn das Dal kräftig gewürzt ist, benötigt das Getreide kein weiteres Aroma.

Den Reis portionenweise in eine in heisses Wasser getauchte Schöpfkelle pressen und umgekehrt auf Teller stürzen. Mit wenig Gomasio bestreuen.

Variationen: Dieser Reis kann mit leicht süsslicher Note zubereitet werden, die dennoch zu Salzigem passt. Nach 15 Minuten Kochzeit 10 getrocknete Aprikosen oder entsteinte Datteln (50 g) oben auf den Reis legen und mit ausquellen lassen.

Den Reis wie im Frühlingsrezept für Basmati-Wildreis mit ätherischem Bayöl (Seite 46) aromatisieren; so entfaltet er ein feines, warmes, würziges Aroma.

Indisches Dal und roter Camarguereis.

Tofu-Aromanaise

- 200 g Tofu oder geräucherter Tofu
- 3 EL natives Sonnenblumenöl
- 2 EL Euro-Asia-Würzölmischung (Seite 25) und 1 Prise von demselben Würzsalz

Den Tofu im Mixer pürieren. Auf kleiner Stufe weitermixen und ganz langsam, erst tropfenweise, allmählich im Strahl das Sonnenblumenöl und danach die Würzölmischung einlaufen lassen, bis die Masse eine cremig-sämige Konsistenz erreicht. Mit dem Würzsalz, falls nötig, noch fein abschmecken.

Anrichten und nach Belieben mit 1–2 Schnittlauchstengeln garnieren.

Tip: Diese Creme kann auch leicht angewärmt werden. Sie darf aber nicht kochen!

Kompott

Aromafeine Kompotte können zu Frühstücksmüslis, Nachspeisen oder zum Tee oder Kaffee gereicht werden und sind auch beliebte Zwischenmahlzeiten. Für Diabetiker kann mit Hilfe aromatischer Kokosflocken ganz auf Extrasüsse verzichtet werden.

- 300 g ungespritzte Kochäpfel, Birnen, Bananen, Mangos usw., einzeln oder gemischt
- 2 EL Wasser
- 2 EL Mandarinen-Orangen-Sirup (Seite 28) (für Diabetiker weglassen, dafür 1 EL Kokosflocken zusätzlich)
- 1½ EL aromatische Kokosflocken (Seite 31)

Das Obst waschen, säubern und in gleich grosse Schnitze oder Würfel schneiden. In einem Topf mit dem Wasser kurz aufkochen, bis es beginnt, den Biss zu verlieren.

Vom Feuer nehmen und etwas abkühlen lassen, dann die aromatischen Würzzugaben unterziehen und gut verrühren.

Kardamom-Joghurt

- ½ Tropfen ätherisches Kardamomöl
- 1 TL Rahm
- 150 g Cremejoghurt
- 1 TL Lebkuchen- oder Zimt-Orangen-Honigsirup (Seite 28) oder je nach Süssebedürfnis reiner oder aromatisierter Ahornsirup (für Diabetiker weglassen)
- 1 TL aromatische Kokosflocken (Seite 31) als Garnitur

Das Kardamomöl mit der Spitze eines Glasstabs (Bild Werkzeuge Seite 27) vom Tropfer des Fläschchens abnehmen (diese Menge entspricht etwa ½ Tropfen) und im Rahm emulgieren.

Den Joghurt mit dem aromatisierten Sirup und dem Kardamomrahm kräftig verrühren.

Auf jede Schale Kompott einen kleinen Tupfer Joghurt setzen. Zuletzt mit den restlichen aromatischen Kokosflocken bestreuen.

Kräftiges winterliches Menü für den grossen Appetit

Vorspeise

Tomatensuppe Basilic

Hauptspeise

Scharfes Hähnchen in Curry-Kokos-Ingwer-Sauce, Kohlrabikäseauflauf à la Rudolpho, Pommes occitanes

Dessert

Tiramisu d'orange

Tomatensuppe Basilic.

Tomatensuppe Basilic

- 500 g Tomatenpüree (gekochte, pürierte Tomaten)
- 3 EL Rahm
- 1 EL Basilikumwürzöl (Seite 22) oder 3 Tropfen ätherisches Basilikumöl
- 1 kräftige Prise frisch gemahlener Pfeffer
- 1 TL aromatisches Würzsalz (Seite 25) oder Kräutersalz
- 2 Tropfen fertig gekaufte Capri-Würzessenz oder ätherisches Zitronenöl
- 1 Handvoll frische Petersilie oder Basilikum

Das Tomatenpüree aufköcheln lassen. Den Rahm unterrühren. Mit Basilikumwürzöl, Pfeffer und Salz fein abschmecken. Falls Sie das reine ätherische Öl verwenden, dieses zuerst im Rahm emulgieren und

dann am Ende gut unterziehen. Die frischen Kräuter auf einem Küchenbrett, das Sie zuvor mit dem ätherischen Zitronenöl beträufelt haben, hacken und vor dem Servieren über die Suppe streuen.

Scharfes Hähnchen in Curry-Kokos-Ingwer-Sauce

- 1 EL Kokosflocken
- 1/4 l Milch
- 1/2 TL Currypulver
- 1 kräftige Prise Chili
- 2 TL Euro-Asia-Würzölmischung (Seite 25) oder 3 Tropfen ätherisches Lemongrassöl
- 2 Tropfen Gingergrassöl (fakultativ)
- 1 Tropfen Ingweröl
- 2 Hähnchenbrüste und 2 Hähnchenschenkel oder 4 gleiche Teile

Sauce:

- 2 Tropfen fertig gekaufte Capri-Würzessenzmischung oder ätherisches Zitronenöl (fakultativ)
- 1/2 Zwiebel
- 1 kleiner bis mittelgrosser Apfel
- 1/2 Banane
- 1 TL Butter
- 1 EL Naturreismehl oder Dinkelmehl
- 80 ml Gemüsebrühe
- Rahm
- etwas Orangen-Lemongrass-Salz (Seite 25) oder Meersalz

Die Kokosflocken leicht anrösten. Mit der Milch ablöschen, Currypulver und Chili beigeben, leicht köcheln lassen und wieder vom Feuer nehmen. Die Würzölmischung mit den anderen ätherischen Ölen versetzen oder falls Sie nur einzelne ätherische Öle verwenden, diese kurz in einen Träger wie z.B. Rahm binden und in die bereits abgekühlte Sauce einrühren.

Die Hähnchenteile damit einreiben und im Kühlschrank eine halbe Stunde ziehen lassen.

In der Zwischenzeit für die Beilagen die Kartoffeln aufsetzen und die Kohlrabi vorbereiten.

Die Hähnchenteile aus der Marinade heben. In wenig Bratfett auf beiden Seiten anbraten und dann, damit sie nicht austrocknen, zugedeckt warm halten.

Für die Sauce auf einem angefeuchteten, mit Capri-Würzessenzmischung beträufelten Küchenbrett die Zwiebel und die Früchte fein würfeln. (Auf diesem Brett können Sie auch den Kohlrabi und die Kartoffeln schneiden.) Die Zwiebel in der Butter glasig dünsten, die vorbereiteten Früchte hinzufügen und ebenfalls andünsten. Das Reismehl darüberstäuben, mit der Gemüsebrühe ablöschen und die restliche Marinade von den Hähnchen dazugiessen. 3–5 Minuten leicht aufköcheln und sieden lassen. Pürieren und mit Rahm und Würzsalz verfeinern.

Die Hähnchenteile auf einer Platte anrichten und mit der Sauce übergiessen. Zusammen mit den Kartoffeln und dem Kohlrabiauflauf servieren.

Kohlrabikäseauflauf à la Rudolpho

Dieser einfache Auflauf ergibt auch alleine, nur mit Reis oder Kartoffeln, eine vollständige Mahlzeit, dann muss die Menge allerdings um 2 bis 3 Kohlrabi erhöht werden.

- 2 Kohlrabi
- 300 ml Gemüsebrühe
- 1–2 TL Dillerlei-Würzölmischung (Seite 23)
- 150 ml Rahm oder Joghurt
- 1 TL Johannisbrotkernmehl oder Kuzu
- 1 Prise Bergamotte-Muskatellersalbei-Salz (Seite 25) oder Kräutersalz
- frisch gemahlener Pfeffer
- 50 g Bergkäse, Greyerzer oder Gouda, gerieben

Die Kohlrabi putzen und in Scheiben schneiden, diese nochmals halbieren und in der köchelnden Gemüsebrühe garen, bis sie nur noch leichten Biss haben.

Eine Auflaufform mit etwas Dillerlei-Würzölmischung einpinseln und die Kohlrabi einschichten.

Die verbliebene Gemüsebrühe zusammen mit dem Rahm und dem in kaltem Wasser angerührten

Johannisbrotkernmehl zu einer Sauce rühren, kurz aufköcheln lassen. Mit Würzsalz und Pfeffer abschmecken (für diese Menüzusammenstellung etwas schwächer, ohne Hähnchen serviert, stärker würzen).

Den Backofen auf 180 Grad vorheizen.

Die Sauce über die Kohlrabi giessen und mit dem geriebenen Käse bedecken. Im vorgeheizten Backofen 15–20 Minuten goldgelb überbacken.

Pommes occitanes

- 500 g Kartoffeln
- 1 Lorbeerblatt
- ½ l Wasser
- 1 TL Bratöl
- 2 EL Provençale- oder Provence-Würzölmischung (Seite 24) oder nur einzelne ätherische Öle dieser Mischungen, die Ihnen zur Verfügung stehen
- ½–1 TL getrocknete Provencekräuter
- 1 kräftige Prise Bergamotte-Muskatellersalbei-Salz (Seite 25) oder Kräutersalz

Die Kartoffeln sauber bürsten und zusammen mit dem Lorbeerblatt im Wasser kochen, bis sie aussen gar, innen aber noch fest sind. Herausnehmen, schälen und in halbfingerdicke Scheiben schneiden.

Im heissen Bratöl von beiden Seiten anbraten, zum Schluss mit dem Würzöl bepinseln, die getrockneten Kräuter und das Würzsalz darüberstreuen.

Sorgen Sie dafür, dass Kartoffeln und Hähnchen zugleich fertig sind und angerichtet werden können.

Tip: In derselben Art lassen sich auch andere Gemüse zu einfachen Alltagsgerichten verarbeiten.

Variation: Lavendel- oder Rosmarinkartoffeln
Die fertig gebratenen Kartoffeln vor dem Servieren von einer Seite mit einem Lavendel- oder Rosmarin-Einzelwürzöl (siehe Seite 22) bepinseln und mit einer Prise Lavendel-, Bergamotte-Muskatellersalbei- (Seite 25) oder Kräutersalz bestreuen. Nach Belieben noch einige frische Lavendelblüten oder Rosmarinnadeln als Garnitur dazugeben.

Tiramisu d'orange

Eine leichte, fruchtige Variante
des italienischen Originals

- 6 Orangen, ungespritzt
- 1 Limette
- 1 Ei
- 100 g Akazienhonig
- 200 g Mascarpone (italienischer Frischkäse)
- 200 g Speisequark
- 5 Tropfen Vanilleessenz
- 150 g Löffelbiskuits
- 3 EL Orangenlikör (Seite 127) oder für eine Variante ohne Alkohol ersetzen durch 8 Tropfen ätherisches Orangenöl und 5 Tropfen ätherisches Grapefruitöl

Zwei Orangen und die Limette auspressen.

Das Ei trennen, das Eigelb mit Honig, Mascarpone, Quark und dem Zitrusfruchtsaft gut verrühren. Die Vanilleessenz über einen Teelöffel in die Creme träufeln und kräftig unterrühren. Das Eiweiss sehr steif schlagen und vorsichtig unterheben.

Zwei weitere Orangen auspressen, eine sorgfältig schälen, filetieren und in kleine Stücke schneiden. Die letzte mit der Schale in Scheiben schneiden und diese nochmals halbieren.

Mit der Hälfte der Biskuits eine flache Form auslegen, mit etwas Orangensaft und Orangenlikör beträufeln. (Verwenden Sie die ätherischen Öle, diese in den Orangensaft träufeln und gut emulgieren.)

Die Hälfte der Fruchtstückchen und der Creme darauf verteilen, dann die restlichen Zutaten bis auf die Orangenscheiben ebenso einschichten. Zugedeckt am besten über Nacht kalt stellen.

Mit fein geriebener weisser Schokolade bedecken oder mit Kakaopulver bestäuben und am Rand entlang die Orangenhälften auflegen.

Tip: Dieses Tiramisu kann auch geeist serviert werden, muss dann aber stärker gesüsst werden.

Festtagsmenü – fast ein Traum in Weiss

Vorspeise

Weisses Rettichcarpaccio mit Sprossen oder Chicorée-Mandarinen-Salat

Hauptspeise

Seezungenroulade mit Thai-Lachsmousse, angerichtet auf einer Sesam-Mandelmus-Sauce mit Zitrusaroma, dazu Safran-Duftreis und aromagegarte kleine Blumenkohlröschen

Dessert

Bergamotte-Sorbet

Weisses Rettichcarpaccio mit Sprossen

- 500 g weisser Rettich
- 3 EL Sonnenblumenöl
- 3 EL Joghurt
- 2 TL Fünf-Winde-Würzölmischung (Seite 23) oder damit aromatisierter Essig
- 1 kräftige Prise Würzsalz (Seite 25) oder Meersalz
- 1 Handvoll frisch gezogene Sprossen (Rettich, Alfalfa, Linsen usw.)

Den Rettich putzen, mit einem Rettichschneider zu Spiralen oder mit dem Messer in hauchdünne Scheiben schneiden und diese luftig auf vier Salattellern arrangieren. Leicht mit Aromasalz bestreuen.

Öl, Joghurt und Würzölmischung zu einem Dressing rühren. Mit dem Würzsalz fein nuancieren.

Unmittelbar vor dem Servieren jeden Teller mit der Sauce überziehen und mit Sprossen garnieren. Dazu Baguette- oder Toastbrot reichen.

Chicorée-Mandarinen-Salat

- 3 Chicoréestauden
- 2 Mandarinen
- 5 Tropfen ätherisches Mandarinenöl
- 1 Tropfen ätherisches grünes Pfefferöl (fakultativ)
- 200 g griechischer Joghurt
- 1 Prise Orangen-Lemongrass-Salz (Seite 25) oder Kräutersalz
- gemahlener Pfeffer
- 2 EL Nüsse, wahlweise geröstet und gehackt

Den Chicorée waschen, die Blätter in schmale Streifen schneiden. Die Mandarinen schälen und kleinschneiden, eventuell einige Schnitze ganz lassen.

Die ätherischen Öle in den Joghurt träufeln und darin emulgieren. Das Dressing mit dem aromatischen Salz und dem Pfeffer abschmecken und über den Salat geben. Den Salat in Schälchen füllen und mit Nüssen bestreut servieren.

Variation: Dieser Salat kann auch mit einer Kräutervinaigrette variiert werden.

Seezungenroulade mit Thai-Lachsmousse

Lothar Tüttelmann schuf dieses exquisite Fischgericht für sein letztjähriges Weihnachtsmenü.

- 250 g Lachsfilet ohne Gräten
- 4–5 Tropfen fertig gekaufte Thai-Würzessenzmischung
- 80 ml Rahm
- 3 Eiweiss
- 2 EL Gemüsewürze
- 8 Seezungenfilets, küchenfertig
- 1 Zitrone, Saft
- 3 Tropfen ätherisches Limettenöl
- 1 Handvoll glatte Petersilien- oder Basilikumblätter

Den Lachs mit dem Pürierstab pürieren. Die Thai-Würzessenzmischung in den Rahm träufeln und darin emulgieren; zum Lachs geben. Das Eiweiss und die Gemüsewürze hinzufügen und alles zusammen kräftig aufmixen.

Die Seezungenfilets auf gebutterte Alufolie legen. Den Zitronensaft mit dem ätherischen Limettenöl versetzen und die Seezungen damit bepinseln. Mit Petersilie oder Basilikum belegen und die Lachsmousse mit dem Spritzbeutel aufspritzen. Die Seezungen aufrollen und mit der Alufolie verschliessen.

Im auf 180 Grad vorgeheizten Backofen etwa 15 Minuten pochieren.

Sesam-Mandelmus-Sauce mit Zitrusaroma

- 100 ml Gemüsebrühe
- 2 EL trockener Weisswein
- 2 EL Mandelmus
- 100 g Sauerrahm oder Joghurt
- 50 g gerösteter Sesam
- 1 TL Johannisbrotmehl, falls nötig
- 3 Tropfen ätherisches Orangenöl
- 2 Tropfen ätherisches Zitronen- oder Limettenöl oder 5 Tropfen fertig gekaufte Capri-Würzessenzmischung
- 1 TL Rahm

In einem kleinen Saucentopf die Gemüsebrühe mit dem Wein leicht köcheln lassen, vom Feuer ziehen und zuerst das Mandelmus, dann den Sauerrahm oder Joghurt mit einem Rührbesen unterziehen. (Vorsicht, die Sauce darf nicht gerinnen.)

Den Sesam unterheben und nochmals kurz vorsichtig erhitzen. Falls die Sauce zu dünnflüssig ist, das Johannisbrotmehl in einem Esslöffel kaltem Wasser anrühren und dann einbinden.

Das ätherische Öl in den Rahm träufeln, darin emulgieren und kurz vor dem Servieren die Sauce damit abschmecken. Auf vorgewärmte Teller einen Saucenspiegel giessen und die aufgeschnittenen Fischrouladen darauf plazieren. Mit einem Petersilienblatt garnieren.

Safran-Duftreis und aromagegarte Blumenkohlröschen

- 400 g Duftreis
- 1 grosser Blumenkohl
- 3/4 l Wasser
- 1 EL Gemüsebrühwürze
- 1 kleine Prise Safran
- Butterflöckchen oder 2 TL Dillerlei-Würzölmischung (Seite 23)

Den Reis waschen und 15 Minuten quellen lassen. Den Blumenkohl in kleine Röschen teilen.

Den Reis im Wasser zum Kochen bringen; einen Dämpfeinsatz darübersetzen und die Blumenkohlröschen darin garen, bis sie noch Biss haben. Die Gemüsebrühwürze erst nach etwa 10 Minuten zum Reis geben, wenn dieser bereits leicht durchgegart ist. (Sie können die Blumenkohlröschen auch separat über Dampf garen und dann kurz vor Ende der Garzeit noch 3 Tropfen ätherisches Muskatnussöl in den Sud geben.)

Etwa 50 g Reis (3–4 EL) in einen zweiten kleinen Topf geben, gut mit Brühe bedecken und den Safran zufügen. Den reinen Duftreis und den Safranreis getrennt zu Ende köcheln (noch 15–20 Minuten). Den Safranreis vorher ausschalten und beide Reissorten ausquellen lassen (zugedeckt, damit der Reis nicht auskühlt).

Vor dem Servieren beide Reissorten miteinander vermischen und mit der Kelle kleine Kugeln auf den Teller setzen. Die Blumenkohlröschen dazulegen, mit Butterflöckchen belegen oder mit der Würzölmischung beträufeln und nach Belieben mit etwas Gomasio (Seite 31) oder gerösteten Mandelblättchen dekorieren.

Grapefruitsorbet

Das Sorbet sollte einen halben bis ganzen Tag im voraus zubereitet werden.

- 200 g filetierte und kleingeschnittene Grapefruitstücke
- 150 ml Sekt
- 3–5 Tropfen ätherisches Bergamotteöl
- 3 Tropfen Vanilleessenz
- 5 EL Akazienhonig
- 1/4 l Grapefruitsaft
- 250 g Vollmilchjoghurt

Die Grapefruitstücke mit 50 ml Sekt und dem mit den ätherischen Ölen versetzten Akazienhonig mischen und etwa 15 Minuten marinieren.

Anschliessend zusammen mit dem Grapefruitsaft im Mixer pürieren, den Joghurt einrühren und nochmals abschmecken. Die Masse sollte leicht übersüsst schmecken.

Die Sorbetmasse in der Eismaschine oder im Gefrierfach gefrieren; im letzteren Fall immer wieder durchrühren.

Das fertige Sorbet mit dem Spritzbeutel mit grosser Tülle portionsweise in Sektschalen spritzen und nach Wunsch mit dem restlichen Sekt übergiessen.

Winterliches Dreigangmenü mit aromatischem Flair

Zwei leichte Vorspeisen

Wan Tan mit erlesenem Thaiduft und gefüllte Tofutaschen Inari Sushi

Hauptspeise

Fenchelgratin mit Zitronen-Tamari-Dinkelplätzchen

Dessert

Bergamottecreme oder ein luftiges, aromafeines Kastaniendessert (Seite 88)

Wan Tan mit erlesenem Thaiduft

Nudelteig:

- 150 g feingemahlenes Dinkelmehl
- 1 Ei
- 1 TL Euro-Asia-Würzölmischung (Seite 25) oder ein ätherisches Öl dieser Mischung, in 1 TL Sonnenblumenöl emulgiert
- 3–4 EL Wasser
- 1 Prise Bergamotte-Lemongrass-Salz (Seite 25) oder Meersalz

Füllung:

- 50 g Gemüse (z.B. Karotten, Sellerie)
- 10 g rote Linsen (Naturkost- oder Asienladen)
- 120–150 ml Gemüsebrühe
- 2 EL Kürbis- oder Mangochutney (Seite 99)
- 1–2 TL Thai-Sojasauce (Seite 26) oder notfalls 1–2 Tropfen ätherische Öle dieser Mischung, in Sojasauce emulgiert
- 1 Tropfen ätherisches Ingweröl und grünes Pfefferöl oder etwas frischer Ingwer
- etwas gemahlener Pfeffer

Das Dinkelmehl mit dem Ei, dem Würzöl, Wasser und Würzsalz etwa 5 Minuten zu einem glatten, geschmeidigen Teig kneten. In Klarsichtfolie einschlagen und mindestens eine halbe Stunde ruhen lassen.

Das Gemüse in sehr kleine Würfel schneiden und mit den Linsen in der Gemüsebrühe aufkochen. Auf kleiner Flamme etwa 10 Minuten köcheln lassen. Dann mit dem Kürbis- oder Mangochutney vermengen. Die ätherischen Öle in der Thai-Sojasauce oder Sojasauce emulgieren und zufügen, mit Pfeffer abschmecken.

Den Nudelteig dünn ausrollen, mit einem Glas Kreise ausstechen und auf jeden etwas Füllung setzen. Die Teigblättchen wie ein kleines Säckchen zusammenraffen und kräftig zudrücken.

Die Wan Tan in einen Aromasteamer setzen und bissfest dämpfen. Eventuell während der letzten 3 Minuten noch 1–2 Tropfen ätherisches Ingweröl oder Thai-Würzessenzmischung beigeben; dies verstärkt das Aroma.

Gefüllte Tofutaschen Inari Sushi

Diese japanische Köstlichkeit eignet sich auch als Häppchen zwischendurch, zu Salaten und Suppen.

- 250–300 g Tofu
- wenig Bratfett
- 1/4 l Wasser
- 1 EL Sherry
- 1–2 Tropfen ätherisches Ingweröl
- 3 EL Ingwer-Koriander-Tamari (Seite 26)
- wenig frisch geriebener Ingwer oder Ingweröl

Füllung:

- 100 g Naturreis
- 200 ml Wasser
- 1 TL Gemüsebrühwürze
- 1 TL ätherisches Bay- oder Nelkenwürzöl (Seite 22)
- 1/2 Zwiebel
- wenig Erdnussöl oder anderes Öl zum Braten
- 1 TL Ingwer-Koriander-Tamari (Seite 26)
- Korianderblätter oder glatte Petersilie als Garnitur

Für die Füllung den Reis im Wasser 20 Minuten weich kochen, während der letzten 5 Minuten die Gemüsebrühwürze und das Würzöl dazugiessen und ausköcheln lassen.

Den Tofublock in gleichmässige Quadrate von etwa 1 1/2 cm Dicke schneiden. Mit Küchenkrepp abtupfen und im Bratfett goldgelb braten.

Das Wasser aufsetzen, den Sherry und die gebratenen Tofustücke hineingeben. Aufkochen und alles 10–15 Minuten ohne weitere Hitzezufuhr ziehen lassen. Das ätherische Ingweröl zum Tamari träufeln und zusammen in die Brühe giessen. Nach weiteren 5 Minuten die Tofustücke herausnehmen und abtropfen lassen.

Die Zwiebel für die Füllung klein hacken und im Öl glasig dünsten. Mit einem Esslöffel Gemüsebrühe ablöschen und einköcheln. Alle Zutaten für die Füllung in einer Schüssel kräftig mischen.

Die Tofuquadrate diagonal durchschneiden, so dass je zwei Dreiecke entstehen. Jeweils eine Tasche einschneiden. Mit angefeuchteten Händen die Reismasse in die Tofutasche pressen. Auf einer Platte mit je einem Korianderblatt garniert servieren.

Tips: Das Ingwer-Koriander-Tamari kann zum Nachwürzen direkt auf den Tisch gestellt werden.

Die restliche Brühe kann für eine Suppe oder als Saucengrundlage verwendet werden.

Wenn beide Vorspeisen gereicht werden, reicht jeweils die Hälfte der Zutaten.

Fenchelgratin

- 2–3 grosse Fenchelknollen (ca. 800 g)
- 2 TL Butter
- 200 ml Gemüsebrühe
- 2 TL Dill-&-Co.-Würzölmischung (Seite 23) oder 2–3 Tropfen eines der darin enthaltenen ätherischen Öle
- 1 TL ätherisches Fenchelwürzöl (Seite 22)
- 1/4 l Rahm
- 2 EL Weisswein
- 2–3 TL Johannisbrotkernmehl oder Stärkemehl
- 1 Prise Bergamotte-Muskatellersalbei-Salz (Seite 25)
- 50 g geriebener Bergkäse oder Gouda

Das Fenchelgrün klein hacken. Den Fenchel in halbfingerdicke Scheiben schneiden. In einer tiefen Pfanne in der Butter andünsten und von beiden Seiten goldgelb braten. Mit der Gemüsebrühe ablöschen und den Sud zugedeckt einköcheln lassen, so dass der Fenchel noch etwas Biss behält. Den Fenchel in eine Auflaufform schichten.

Den Backofen auf 175–200 Grad vorheizen.

In den verbleibenden Sud die Würzöle, den Rahm und den Wein einrühren. Das Johannisbrotkernmehl in etwas kaltem Wasser anrühren, hinzugeben und alles kurz aufkochen; mit dem Würzsalz abrunden.

Den Fenchel mit der Sauce übergiessen, mit dem geriebenen Käse bestreuen und überbacken.

Tip: Besonders raffiniert: Vor dem Servieren mit einem Pinsel voll Würzöl die Oberfläche bestreichen und mit dem Fenchelgrün bestreuen.

Zitronen-Tamari-Dinkelplätzchen

Den Dinkelschrot setzen Sie am besten auf, wenn Sie mit der Zubereitung des Fenchels beginnen.

- 150 g grober Dinkelschrot
- 1 Lorbeerblatt
- 400 ml Gemüsebrühe
- 2 Tropfen fertig gekaufte Capri-Würzessenzmischung oder ätherisches Zitronenöl
- 1 Bund Petersilie
- 1 Bund Schnittlauch
- 1 kleine Zwiebel
- 2 Eier
- 1 Prise Rosenpaprika
- 1 TL Dillerlei-Würzölmischung (Seite 23)
- 1 Prise Meersalz
- 1 TL Zitronensaft
- etwas Bratfett

Den Dinkelschrot mit dem Lorbeerblatt in der Gemüsebrühe etwa 15 Minuten leicht köcheln, dann 15–20 Minuten ausquellen lassen.

Auf ein angefeuchtetes Küchenbrett die Würzessenzmischung oder das Zitronenöl träufeln und darauf die Petersilie, den Schnittlauch und die Zwiebel fein schneiden. Mit allen übrigen Zutaten gut mischen.

Die Masse esslöffelweise in das heisse Bratfett geben, etwas flachdrücken und behutsam von beiden Seiten braten.

Tip: Diese Plätzchen passen auch gut zu Karotten, Brokkoli und anderen Gemüsesorten.

Bergamottecreme

Für den kleinen Zeitaufwand eine höchst aromatische Creme.

- 200 ml Rahm
- 200 g Cremejoghurt oder Sauerrahm
- 2 TL Bergamotte-Grand-Marnier-Würzölmischung (Seite 24), eventuell auch als Sirup oder ersatzweise 3 Tropfen ätherisches Bergamotteöl und 3 Tropfen Vanilleessenz
- 2 TL Akazienhonig
- etwas gehackte Pistazien, abgezogene Zitronenschale oder geröstete Mandeln

Den Rahm sehr steif schlagen und mit dem Joghurt vermischen.

Falls die reinen ätherischen Öle verwendet werden, diese zuerst in den Akazienhonig träufeln, darin emulgieren und dann erst unter die Creme ziehen. Das Würzöl oder den -sirup direkt in die Masse träufeln. Gut verrühren, in Schalen anrichten und mit gehackten Pistazien, abgezogener Zitronenschale oder gerösteten Mandeln dekorieren.

Bergamottecreme.

Fünfgängiges Festmenü

Dieses Menü kann auch, mit Wok am Buffet, als ein erlebnisreiches Silvesterbuffet zelebriert werden.

Vorspeisen

Carpaccio von hausgebeiztem Wildlachs mit Honig-Limetten-Senfsauce, geraspeltes Gemüse, Apfel und Sprossen mit Walnussvinaigrette

Hauptspeise

Rührgebratenes aus dem Wok (für Vegetarier mit Sellerie-Lemongrass-Schnitzelchen im Sesam- oder Kokosmantel), dazu Duftreis

Dessert

Neroli- oder Jasminparfait oder wahlweise ein Mohnmousse, dazu Rumfrüchte, oder ein Waffeldessert mit Erdbeermus
Wer den Hang zum Aussergewöhnlichen hat, kann am Buffet einen kleinen Duftzauber mit einem Duftnebel aus Trockeneis und Orangenblütenwasser kreieren.

Alchimistischer Ausklang

Diverse aromafeine Liköre, aromatisierter Tee oder Kaffee

Carpaccio von hausgebeiztem Wildlachs mit Honig-Limetten-Senfsauce

Nach Lothar Tüttelmann

Ein Gericht für besondere Anlässe. Mit Toast- oder Baguettebrot serviert, kann es als Abendessen auch sehr gut allein stehen.

Auf jeden Fall Wildlachs verwenden, Zuchtlachs zersetzt sich sehr schnell und ist meistens sehr fett. Auf diese Weise gebeizter Wildlachs hält sich mindestens 10 bis 12 Tage im Kühlschrank. Das Rezept ist für einen grossen Lachs berechnet, der problemlos auf mehrere Male oder für eine Gesellschaft von bis zu 20 Personen verwendet werden kann.

1 Wildlachs von 2–3 kg ohne Kopf (mit Kopf 3,5–3,8 kg)
2 EL Ingwer-Koriander-Tamari (Seite 26)
5 EL Dill-&-Co.-Würzölmischung (Seite 23)
2 Tropfen ätherisches Lorbeeröl oder 2 TL Lorbeerwürzöl (Seite 22)
1–2 Tropfen ätherisches Estragonöl oder 1 TL Estragonwürzöl (Seite 22)
250 g erwärmter Akazienhonig
150 g grobes Meersalz
2 Tropfen ätherisches Dillöl
150 g frischer Dill
Limettenscheiben und Dillkraut als Garnitur

Sauce:
100–150 g Honig je nach Gusto
200 g mittelscharfer Senf
150 g Dillkraut
4–7 Tropfen ätherisches Limettenöl
1–2 Tropfen ätherisches Dillöl oder 1–2 TL Dillwürzöl (Seite 22)
2 EL Balsamicoessig
400 ml Sonnenblumenöl

Den Lachs filetieren. (Kopf und Mittelrückengräte können mit Karotte, Zwiebel, Lauch und Sellerie zu einem schönen Fischfond ausgekocht werden; abrunden mit Pfefferwürzöl, Basilikumwürzöl und Shoyusauce, einer mit Weizen vergorenen Sojasauce.)

Beide Lachshälften auf ein grosses Tablett legen. Das Würz-Tamari und Würzöl mischen, die reinen ätherischen Öle dazuträufeln und darin emulgieren. Mit der Würzölmischung die beiden Lachshälften bestreichen, anschliessend den Honig und das Meersalz darauf verteilen.

Auf ein angefeuchtetes Küchenbrett die zwei Tropfen ätherisches Dillöl träufeln, das Dillkraut darauf schneiden und auf die beiden Lachshälften verteilen.

Nun die beiden Hälften aufeinanderlegen, mit Folie bedecken, mit einem Brett, auf das Sie 5 kg Gewicht legen, beschweren und im Kühlschrank so lagern, dass Flüssigkeit abtropfen kann. Nach 12–14 Stunden die Lachshälften wenden, erneut mit Folie bedecken und das Brett jetzt nur noch mit 2 kg Gewicht beschweren. Nach weiteren 12–14 Stunden ist der Lachs fertig (die zurückgebliebene Marinierflüssigkeit abgiessen und für die Sauce beiseite stellen).

Den Lachs in hauchzarte Scheiben schneiden, auf kleine Teller legen und, mit einer gedrehten Limettenscheiben und Dillkraut garniert, servieren.

Für die Sauce alle Zutaten in den Mixer geben und hochtourig emulgieren (von den ätherischen Ölen zuerst die kleinste Tropfenzahl nehmen, falls nötig erhöhen). Sollte die Sauce zu salzig sein, noch etwas Balsamicoessig und Öl und eventuell noch etwas Honig dazugeben.

Die Sauce in einer Schale zum Carpaccio servieren.

Geraspeltes Gemüse, Apfel und Sprossen mit Walnussvinaigrette

Je 200 g Brokkoli, Karotten und rote Bete (Randen)

1 Apfel

etwas Zitronensaft

1 Handvoll Sprossen (z.B. Alfalfa, Kresse oder Rettich)

Walnussvinaigrette:

1 TL O-sole-mio- oder Dill-&-Co.-Würzölmischung (Seite 23)

3 Tropfen fertig gekaufte Capri-Würzessenzmischung oder 2 Tropfen ätherisches Orangenöl und 1 Tropfen ätherisches Zitronenöl

3 EL natives Walnuss- oder Haselnussöl

1 TL Kürbiskernöl (fakultativ)

1 EL Zitronensaft

1 EL Balsamicoessig

2 EL gehackte Walnusskerne

eventuell Kräutersalz und Pfeffer

Das Gemüse und den Apfel gut waschen und putzen, anschliessend jede Sorte für sich in der Küchenmaschine klein raspeln. Den Apfel mit etwas Zitronensaft überziehen, mit der geraspelten roten Bete (Rande) vermischen und zur Seite stellen.

Für die Walnussvinaigrette zuerst die ätherischen Öle in Essig oder Öl träufeln und darin emulgieren, dann alle Zutaten der Reihe nach gut mischen und mit den Würzölen fein abstimmen.

Jede Gemüsesorte einzeln mit der Walnussvinaigrette überziehen, gut mischen und im Kühlschrank etwas ziehen lassen.

Auf jeden Teller von jedem Gemüse ein Häufchen setzen und mit den Walnusskernen bestreuen.

Rührgebratenes aus dem Wok

Für Vegetarier eine wunderbar duftende Gemüsepfanne, und wer Fisch oder Fleisch liebt, kann zu Scampi oder mariniertem Truthahn- oder Hähnchengeschnetzeltem greifen. Die Schärfe wird durch Brühe und Kokosrahm besänftigend ausgeglichen. Gut vorbereitet, ist dieses Gericht schnell zubereitet.

- 500–700 g Gemüse (Karotten, weisser Rettich, Lauch), in Würfel oder Scheiben geschnitten oder 400 g Scampi oder Garnelen, geschält und entdärmt und dazu noch 300–400 g Gemüse oder 350–400 g Geschnetzeltes und 300–400 g Gemüse
- 1 Schalotte
- 1 Knoblauchzehe
- 1–2 frische grüne Chilischoten
- 1 cm Ingwerwurzel oder 2 Tropfen ätherisches Ingweröl
- ca. ¼ l Kokosmilch
- 5 Tropfen fertig gekaufte Thai-Würzessenzmischung oder einzelne ätherische Öle aus der gleichnamigen Würzölmischung, zumindest Lemongrass und Limette, oder 5 TL Thai-Sojasauce (Seite 26)
- 1 EL Sake oder Sherry
- 1 TL Sechuanpfeffer, im Mörser gemahlen (fakultativ)
- 2 EL Erdnuss- oder Sonnenblumenöl zum Anbraten
- 50–100 ml Gemüsebrühe
- eventuell 1 Stengel frisches Lemongrass oder 2–3 Tropfen ätherisches Lemongrassöl
- 1 TL grüne Currypaste (fakultativ)
- 2 EL Zitronensaft
- 1 kräftige Prise Orangen-Lemongrass-Würzsalz (Seite 25) oder wenig Meersalz
- ½ Bund Schnittlauch
- 1 Bund frisches Korianderkraut oder 1 Tropfen fertig gekaufte Thai-Würzessenzmischung

Schalotte, Knoblauchzehe, die entkernte Chili und den Ingwer mit 1–2 Esslöffeln Kokosmilch im Mixer zu einer Paste pürieren. Die ätherischen Öle bis auf das Lemongrassöl im Sake oder Sherry emulgieren und in die Paste einarbeiten.

Die Hälfte der Paste mit Kokosmilch verdünnen, den Sechuanpfeffer dazugeben und die Scampi oder das Geschnetzelte darin 10–15 Minuten marinieren. Bei der vegetarischen Variante kann das Gemüse auf dieselbe Weise mariniert werden, ist aber nicht zwingend.

In der Zwischenzeit im Wok das Öl erhitzen und das Gemüse eines nach dem anderen rührbraten, mit zwei Holzstäbchen oder -löffeln immer wieder wenden und auf den Rost legen, wenn es genügend gegart ist. Das Lemongrassöl in etwas Sake oder Sherry emulgieren und am Schluss unter das Gemüse mischen.

Erneut Öl erhitzen und das marinierte Geschnetzelte oder die Scampi kurz von allen Seiten rührbraten. Die zurückgebliebene Marinade mit der restlichen Paste verquirlen und zusammen mit der Gemüsebrühe und der Kokosmilch zugiessen. Das Gemüse und, falls Sie frisches Lemongrass verwenden, dieses längs aufgeschlitzt mit den restlichen Gewürzen dazugeben und alles sanft ohne Deckel etwa 15 Minuten köcheln lassen.

Mit dem aromatischen Würzsalz und eventuell noch etwas Rahm abrunden. Direkt am Tisch oder Buffet mit frischem Koriandergrün und dekorativ aufgelegten Schnittlauchstengeln servieren.

Tip: Für zusätzliche Würze können Sie einen schnellen Ingwer-Soja-Dip anrühren und zum individuellen Nachwürzen auf den Tisch stellen. Dafür je 3 Esslöffel Sojasauce, Sherry und Hühnerbrühe sowie 1 Esslöffel Ingwer-Koriander-Tamari (Seite 26) mischen. Mit frischem Ingwersaft (frischen Ingwer durch die Knoblauchpresse drücken) oder mit 2 Tropfen ätherischem Ingweröl versetzen.

Rührgebratenes aus dem Wok, Avocadomousse (Variation, Rezept Seite 94), Waffeldessert mit Erdbeermus (Rezept Seite 123).

Sellerie-Lemongrass-Schnitzelchen im Sesam- oder Kokosmantel

Sellerie erheitert und bringt das Liebesleben wieder in Schwung, das wussten schon unsere Ahnen. Deshalb bereitete ich dieses Gericht für einen Kurs von Forum Essenzia mit Monika Werner und Ruth von Braunschweig mit dem sinnigen Titel «Amors zweiter Pfeil» zu. Die in Herzform ausgestochenen Sellerieschnitzelchen liessen die Kursteilnehmer nicht nur schmunzeln, sondern brachten auch Stimmung in die Runde.

1–2 grosse Sellerieknollen (für jede Person 2 fingerdicke grosse Scheiben)
½ l Gemüsebrühe
1 Ei
1 TL Dill-&-Co.-Würzölmischung (Seite 23)
1–2 Tropfen ätherisches Mukatnussöl oder Muskatnusspulver
3 EL Kokosflocken oder Sesamsaat
Bratfett oder Öl
1 Prise Bergamotte-Muskatellersalbei-Salz (Seite 25) oder Kräutersalz
4 Zitronenscheiben

Die Sellerieknollen säubern und in fingerdicke Scheiben schneiden. In der Gemüsebrühe blanchieren, bis die Scheiben so weich sind, dass sie sich leicht mit einer Herzform ausstechen lassen. Sie sollten 8 Herzen erhalten. (Den restlichen Sellerie für eine herzhafte Gemüsebrühe verwenden.)

Aus Ei, Würzöl und Muskatnussöl oder -pulver eine Marinade rühren, in einen flachen Teller geben, in einen weiteren Teller die Kokosflocken oder Sesamsaat.

In der Pfanne das Öl erhitzen. Die Sellerieschnitzel in der Eimarinade und anschliessend in den Kokosflocken oder dem Sesam wenden und sofort im erhitzten Öl von beiden Seiten goldgelb braten. Auf eine Platte geben, auf beiden Seiten mit wenig Würzsalz nachwürzen und warm stellen, bis alle Schnitzel gebraten sind.

Sellerie-Lemongrass-Schnitzelchen im Sesam- oder Kokosmantel.

Tip: Bevor Sie mit den Sellerieschnitzeln beginnen, den Duftreis aufsetzen. Die Sellerieherzen können auch sehr gut kalt auf Brot gereicht werden. Dies ist für Vegetarier eine ideale Ergänzung.

Neroli- oder Jasminparfait

Die Blüten der Bitterorange haben einen betörenden und unverwechselbaren Duft. Dies wusste die Prinzessin Nerola aus Italien sehr zu schätzen und verlieh diesem Öl ihren Namen.

- 200 g Crème fraîche
- 100 g Magerquark
- 1 EL Orangenblütenwasser
- 100 g Akazienhonig
- 150 g Rahm
- 2 Tropfen Vanilleessenz
- 1 Tropfen kostbares ätherisches Neroliöl (Bitterorangenblütenöl) oder Jasminöl (siehe Seite 13, Enfleurage)

Die Crème fraîche mit dem Magerquark glattrühren. Das Orangenblütenwasser dazugeben und den Akazienhonig unterheben.

Den Rahm schlagen; kurz bevor er fest wird, die Vanilleessenz und das Neroliöl dazuträufeln und fertig schlagen. Den aromatisierten Rahm vorsichtig unter die Parfaitmasse ziehen.

Die Masse in eine mit Klarsichtfolie ausgelegte Kastenform füllen und mindestens einen Tag gefrieren lassen.

Den Rand von grossen Tellern mit Kakaopulver bestäuben, eine Scheibe Neroliparfait darauflegen, eventuell Mohnmousse daneben, und mit Melissen- oder Minzblättern garnieren. Mit wenig Saft und Früchten vom Rumtopf (Seite 124) oder einem feinen Spiegel aus Hagebuttenmark umgiessen. (Für letztere Variante 100 g Hagebuttenmark mit naturtrübem Apfelsaft zur gewünschten Konsistenz strecken).

Mohnmousse mit Zimtflair

- 40 g Mohn
- 50 g Naturreismehl (Naturkostgeschäft oder Reformhaus)
- 300 ml Vollmilch
- 2 EL Akazienhonig
- 1 EL Zimt-Orangen-Honig (Seite 28)
- 100 ml Rahm
- 3 Tropfen Vanilleessenz

Den Mohn im Naturkostfachgeschäft quetschen lassen oder in einer Stahlkegelmühle selbst quetschen. Mit dem Reismehl vermengen und bei trockener Hitze in einem Topf andarren lassen. Die Milch dazugiessen und 2–3 Minuten kochen lassen. In der letzten Minute den Akazienhonig mitkochen und den Zimt-Orangen-Honig ganz zum Ende hinzufügen. Die Masse erkalten lassen.

Den Rahm schlagen, mit der Vanilleessenz versetzen und unter die abgekühlte Mohnmasse heben.

Waffeldessert mit Erdbeermus

- 1 EL Capri-Würzölmischung (Seite 24) oder 2 Tropfen ätherisches Orangenöl
- 2 Tropfen Vanilleessenz
- 3 EL Akazienhonig
- 100 g feines Dinkel- oder Buchweizenmehl
- 1–2 Eier
- 1 Prise Bergamotte-Lemongrass-Salz
- 200–300 ml Milch
- 1 kräftige Prise Weinsteinbackpulver (Naturkostladen, Reformhaus)
- Butter oder Öl zum Auspinseln des Waffeleisens

Die ätherischen Öle in den Akazienhonig träufeln und darin emulgieren. Dann alle Teigzutaten mischen und mit dem Handmixer verquirlen.

Das Waffeleisen mit Öl oder Butter bepinseln, eine Kelle Waffelteig daraufgeben und gleichmässig verteilen. Die Waffel goldbraun backen und sofort, heiss, mit einem aromatischen Ahornsirup (Seite 28) oder einem aromafeinen Fruchtmus servieren.

Raffiniert ist dazu zum Beispiel ein Erdbeermus: Von ca. 300 g Erdbeeren einige als Garnitur zurückbehalten, den Rest im Mixer pürieren. 1 Esslöffel Ahornsirup mit 2 Tropfen ätherischem grünem Pfefferöl versetzen und gut emulgieren; zum Erdbeermus geben. Nach Belieben mit Melissenblättern oder gehackten Pistazienkernen verzieren.

Variationen: Statt dem Erdbeermus eine Blütenfruchtsauce (Seite 57) oder eine exquisite Orangenbutter dazu reichen. Dafür 100 g zimmerwarme Butter mit 3 Tropfen ätherischem Orangenöl versetzen und anschliessend nach und nach 3 Esslöffel Orangenblütenhonig oder Akazienhonig einrühren. 2 Esslöffel Orangensaft und 1 Esslöffel Orangenblütenwasser (Hydrolat) dazugeben (falls Sie kein Orangenblütenwasser zur Hand haben, 3 Esslöffel Orangensaft nehmen). Nach Belieben 1 Teelöffel abgeriebene Schale von einer ungespritzten Orange unterziehen. Im Kühlschrank erkalten lassen.

Besonders dekorativ ist es, die Orangenbutter mit dem Spritzbeutel auf die Waffeln zu spritzen oder – für ein Buffet oder für Gäste – auf Orangen- oder Kumquathälften zu dressieren. Sie lässt sich auch in ein süsses Griessflammeri einrühren und und und …

Rumfrüchte

Der Rumtopf, eine traditionelle Form der Vorratshaltung, wird bereits im Sommer begonnen. Verschiedene Steinobst- und Beerensorten (Kirschen, Pfirsiche, Aprikosen, Brombeeren und Himbeeren) werden in der Reihenfolge, wie sie reif werden, hinzugefügt.

- 500 g Obst
- 300 g Akazienhonig
- 70 g Vanille-Kakao-Honig oder für eine weihnachtliche Variante 50 g Lebkuchenhonig (Seite 28)
- 1 l heller Rum oder Brandy

Alles Obst ausser Himbeeren und Brombeeren waschen und mit Küchenkrepp trockentupfen. In einen grossen Tontopf schichtweise die einzelnen Obstsorten einlegen.

Den Akazienhonig mit dem aromatischen Honig gut vermengen. Von dieser Honigmischung jeweils etwa dieselbe Menge, wie Früchte sind, daraufgeben. Mit Rum oder Brandy aufgiessen.

Mit jeder neuen Schicht Obst in derselben Weise verfahren, das Obst ist am Ende völlig bedeckt. Mit einem Deckel oder Teller den Topf zudecken und mindestens zwei bis drei Monate ziehen lassen.

Duftzauber fürs Buffet

Einen Block Trockeneis besorgen. Vorsicht: Er hat minus 30 Grad und darf wegen Verbrennungsgefahr keinesfalls mit blossen Händen angefasst werden! Das Trockeneis auf dem Buffet hinter Blumen, Dekoration, Likörflaschen und Gläsern verstecken; die Dessertteller vorne plazieren.

Bevor man zum Dessert schreitet, den Duftzauber mit Musik ankündigen und auf das Trockeneis nach und nach 20–50 ml Orangenblütenwasser verteilen, so dass ein feiner Duftnebel über das gesamte Arrangement herniederfliesst und duftmalerisch in Schwaden seine Bahn zieht. Dieses einmalige Seh- und Dufterlebnis wird Ihren Gästen unvergesslich bleiben. Sie können dafür je nach Anlass und Jahreszeit auch andere Blütenwässer nehmen.

Aromafeine Liköre

Likör bedeutet soviel wie Flüssigkeit. Der Likörherstellung zugrunde liegt der alchimistische Vorgang der Destillation. Magister Salernus (1167 verstorben), der an einer der ältesten abendländischen Hochschulen wirkte, hielt in einer seiner Schriften fest, dass die Destillation vor allem dazu diente, neue Heilmittel zu finden. So wurden die aromatischen Liköre denn auch als Heilmittel gereicht, und manchem Patienten versüsste man die Mixturen noch mit reifen Pflaumen und Honig.

Das Parfümieren von Getränken schaut auf eine uralte Tradition zurück, die vor 7000 Jahren in China begann. Der französische Feinschmecker Brillat-Savarin lobt in seinem im 18. Jahrhundert erschienenen Buch «Die Physiologie des Geschmacks» die ausgefeilte Kunst der Weinkonservierung mit Myrten- und Rosenöl bei den Römern. Mit der Erfindung der Destillierkunst trat dann das alchimistische Prinzip «solve et coagula», «trenne und binde», in den Vordergrund. Kräuterliköre und aromatische Essige wurden gereinigt, gefiltert und zum Reifen gebracht.

Im ersten Band der «Beiträge zur Geschichte der Erfindung» von Johannes Beckmann (Leipzig 1786) lesen wir dazu: «Die Erfindung des Branntweins gehört zu den Erfindungen, welche die mannigfaltigsten und grössten Würkungen gehabt haben, so wie die Erfindung der Schreibkunst, des Geldes, des Schiesspulvers, der Magnetnadel, der Buchdruckerey ... Sie hat heilsame Arzneyen geliefert, aber auch wohlschmeckende Getränke, unter dem verführerischen Namen Lebenswasser ...

Eine solche Erfindung verdiente wohl eine Geschichte. Wer sie einmal vollständig liefern will, wird mit der Geschichte einer der vornehmsten chemischen Arbeiten, der Destillation, anfangen müssen, die vermutlich noch in den ungedruckten und ungenützten Handschriften arabischer Goldmacher stecken mag. Man wird bey weiterer Nachforschung finden, dass der Wein den ersten trinkbaren Branntwein geliefert hat ...»

Indisches Goldwasser

Ein höchst anregendes
nicht-alkoholisches Getränk

Kennengelernt habe ich dieses Rezept auf einer indischen Hochzeit. Das Getränk gibt es in unzähligen Abwandlungen.

Die Grundlage bildet eine mit Rosen- oder Orangenblütenwasser aromatisierte Limonade (z.B. Rosenpelargoniensirup, 2–3 Esslöffel auf 1 Liter Mineralwasser), die zusätzlich mit einem Schuss Safranwasser (in warmem Wasser Safranfäden ziehen lassen) vermischt wird. Die Süssung des Getränks bleibt Ihnen überlassen. Das Aroma ist höchst exquisit, die bezaubernde Farbe und die Inhaltsstoffe versetzen die Gäste in gehobene Stimmung.

Rosen-Neroliblüten-Kirschlikör

- 750 g Sauerkirschen
- 250 g Kirschblätter (fakultativ)
- 5 Duftrosen oder 5–7 Tropfen ätherisches Rosenöl
- 2 Tropfen ätherisches Korianderöl
- 1 Tropfen ätherisches Zimtrindenöl
- 2 Tropfen ätherisches Neroliöl
- 500 g Akazienhonig
- 1 l Weinbrand oder Kirsch

Die Kirschen entsteinen und die Kerne aufbrechen. Kirschen, Steine und Blätter in ein Glas geben.

Die ätherischen Öle zuerst in den Honig träufeln und darin kräftig emulgieren. Ebenfalls zu den Kirschen geben.

Die Rosenblütenblätter, falls verwendet, abzupfen und zusammen mit dem Weinbrand oder Kirsch hinzugeben.

Mindestens einen Monat fest verschlossen an einem dunklen, kühlen Ort reifen lassen. Dann wird die Flüssigkeit abgesiebt, in dekorative Flaschen gefüllt und dunkel aufbewahrt.

Jasmin

Zitrus-, Orangen- oder Kumquatlikör

Wollen Sie zu Silvester ein besonders ausgereiftes Aroma erreichen, sollte der Likör bereits im Oktober angesetzt werden.

- 2–3 l Branntwein
- 20 Tropfen ätherisches Orangenöl
- 20 Tropfen ätherisches Grapefruitöl
- 10 Tropfen ätherisches Bergamotteöl
- 20 Tropfen Vanilleessenz
- pro Liter Branntwein ca. 350 g Akazienhonig, je nach gewünschter Süsse
- 2–3 Orangen oder Zitronen, ungespritzt
- pro Liter Branntwein ca. 10 Kumquats
- ca. 20 g Gewürznelkenknospen

Alle ätherischen Öle sind für etwa 3 l Branntwein gerechnet, ihre Menge kann aber je nach gewünschter Aromaintensität noch erhöht werden.

Den Branntwein in schöne Vorratsgläser füllen.

Die ätherischen Öle in den Akazienhonig träufeln und kräftig darin emulgieren, dann gut in den Branntwein einrühren.

Mit einem Kanneliermesser in die gereinigten Früchte Linien oder Muster ziehen und auf einigen dieser Linien die Gewürznelken hineinstecken. Nicht zu viele, sonst wird der Nelkengeschmack zu intensiv.

Tip: Die dünn abgehobelten Schalen können Sie «vergeistigen», indem Sie sie in Honig und Alkohol einlegen, so dass sie gerade bedeckt sind. Mit 10 Tropfen Capri-Würzessenz versetzen. Dies ergibt eine ausgezeichnete aromatische Grundlage für Desserts, Gebäck, Torten usw.

Aromafeine Liköre.

Für aromatische und aromantische Tee- und Kaffeezeiten

Kaffee- und Teearoma raffiniert zu verfeinern ist alter Brauch im Orient und im asiatischen Raum. Mit der Kolonialzeit kamen diese Geschmacksveredelungen auch bei uns in Mode, da man ihre stimmungsaufhellenden oder aphrodisischen Eigenschaften schätzen lernte. Mit besten ätherischen Ölqualitäten (ohne Pestizide und Fungizide) können Sie sich jetzt leicht Ihre eigenen Lieblingsmischungen zusammenstellen. (Zum Kaffe siehe Seite 98.)

Earl-Grey-Tee

Eine klassische Mischung, die seit dem 18. Jahrhundert mehr und mehr an Beliebtheit gewann. Entstanden war das Rezept, als in Seenot ein Fläschchen Bergamotteöl, das die Seeleute gegen Skorbut mitführten, in die Kiste mit bestem Darjeelingtee fiel und zerbrach. Aus dieser Katastrophe entstand der allseits beliebte Teeklassiker.

- 1 Glas von 100 g Inhalt
- 10 Tropfen ätherisches Bergamotteöl
- 100 g Darjeelingtee (beste Qualität, «first flush», möglichst rückstandsfrei)

Das Bergamotteöl in das Glas träufeln, das Glas drehen, so dass die Wand rundum benetzt wird.

Nun den Tee hineingeben, das Glas verschliessen und kräftig schütteln. Während 5–10 Tagen täglich erneut kräftig schütteln. Danach ist der Tee gebrauchsfertig.

Vor dem Überbrühen können Sie nach persönlichem Gusto nochmals einen Tropfen des Öls daraufträufeln.

Variationen sind fast beliebig möglich: Sämtliche Zitrusöle eignen sich, z.B. Schwarztee mit Orangen- oder Vanillearoma, Grüner Tee mit grünem Mandarinenduft, Verbenentee oder Malventee mit ätherischem Eisenkrautöl. Auch Früchtetees lassen sich verfeinern, zumeist benötigt man dafür bei Zitrusölen 10–15 Tropfen ätherisches Öl auf 100 g Tee.

Apfelideen zum Backen und Marinieren

Einst pflückte Eva den Apfel vom Baum der Erkenntnis und liess Adam davon kosten. Seit jener Zeit geht es zwar nicht immer paradiesisch zu, aber die Menschen sind auf den Kernobstgeschmack gekommen.

Apfeltarte rosé

Auch für Diabetiker. Für ein rundes Kuchenblech oder eine Keramik-Tarteform von ca. 25 cm Durchmesser.

- 250 g Mehl (am besten feines Dinkelmehl)
- 120 g Butter
- 1 Ei
- 1 EL Capri-Würzölmischung (Seite 24)
- 1 Prise Salz
- ca. 50–100 ml lauwarmes Wasser
- 1 kg süsse reife Äpfel (dann benötigt man kein Süssmittel)
- ½ Zitrone, Saft
- 1 EL Rosenwasser

Guss:

- ¼ l Rahm
- 1 Eigelb
- 5 Tropfen Vanilleessenz
- für festliche Gelegenheiten 1 Tropfen ätherisches Rosenöl oder ½ EL Rosenwasser
- nach Belieben Mandelblättchen

Das Mehl auf die Arbeitsfläche sieben, eine Mulde drücken. Die kalte Butter in kleine Stücke schneiden und aussen herum verteilen. In die Mulde das Ei, das Würzöl, Salz und ein wenig von dem lauwarmen Wasser geben. Alles durchkneten, die Butter einarbeiten und wenn nötig den Rest Wasser dazugeben. Den Teig ausrollen, zusammenschlagen und mindestens eine halbe Stunde im Kühlschrank ruhen lassen.

In der Zwischenzeit die Äpfel schälen und in runde Scheiben oder feine Schnitze schneiden. Die Apfelstücke mit dem Zitronensaft, der zuvor mit dem Rosenwasser versetzt wurde, übergiessen.

Für den Guss den Rahm und das Eigelb gut verquirlen und mit den ätherischen Ölen versetzen.

Den Teig halbfingerdick ausrollen. Eine Tarteform oder ein Rundblech damit auslegen, den Rand hochziehen; darauf achten, dass keine Löcher entstehen.

Den Backofen auf 175 Grad vorheizen.

Die Apfelscheiben oder -schnitze regelmässig auf dem Teig anordnen, den Guss darübergiessen und nach Belieben noch mit Mandelblättchen bestreuen. Das Ganze mit Alufolie bedecken.

Im vorgeheizten Ofen 35 Minuten backen, dann die Aufolie abnehmen und nochmals 5–10 Minuten ausbacken lassen (der Ofen kann schon ausgeschaltet werden). Warm serviert, verströmt die Tarte einen ganz zarten Rosenduft, der die Süsse nicht vermissen lässt.

Variation mit Birne: Das Rosenaroma nach Belieben durch Orangenblütenwasser und Neroliöl ersetzen. Für eine einfachere Variante, die durch ihre Schlichtheit überzeugt, für den Guss die Vanille mit 1–2 Tropfen Kakaoessenz kombinieren, diese Kombination passt auch gut zur Apfeltarte.

Tip: Mürbe- oder Knetteig gelingt auch ohne Backpulver und kann dann im Kühlschrank gelagert werden. Je länger er dort liegt, desto mürber wird er. Leicht gekühlt, lässt er sich am besten dünn ausrollen. Man braucht dabei nur noch wenig Mehl unterzuarbeiten; dadurch wird der Teig nicht unnötig trocken. Knusprige oder mürbe Plätzchen behalten ihre Beschaffenheit, wenn man sie vollständig auskühlen lässt und sie anschliessend in luftdicht schliessenden Dosen oder Gläsern aufbewahrt.

Tarte Capri Tatin

- Teig wie für die Apfeltarte (Seite 128)
- 6 säuerliche Äpfel
- ½ Zitrone, Saft
- 1 EL Orangenblütenwasser oder ein anderes Blütenwasser
- 50 g Butter
- 30 g Akazienhonig und 30 g (ca. 3 EL) Rosenpelargoniensirup (Seite 28) oder 70 g Akazienhonig und 8 Tropfen Capri-Würzessenzmischung oder 4 Tropfen ätherisches Orangenöl und 4 Tropfen ätherisches Zitronenöl

Den Teig und die Äpfel zubereiten wie für die Apfeltarte. Den Zitronensaft mit dem Blütenwasser versetzen und die Apfelscheiben damit tränken. Dann in eine Form mit hohem Rand schichten und die kleingeschnittene Butter darüberstreuen. Den Honig mit dem Rosenpelargoniensirup oder den Essenzen mischen und darüberträufeln.

Den Backofen auf 175 Grad vorheizen.

Den Teig ausrollen und über die Apfelschnitze legen. Im vorgeheizten Ofen 45 Minuten garen. Auf eine Platte stürzen und servieren.

Apfelpunsch

Für frostige Tage

- 1½ l Apfelsaft
- ½ l Wasser
- 1 Zimtstange
- 2 ungespritzte Orangen
- 1 Tropfen ätherisches Zimtrindenöl
- 1 Tropfen ätherisches Ingweröl
- 3 EL Akazienhonig
- 3–5 Tropfen ätherisches Orangenöl oder 3 EL Zimt-Orangen-Sirup (Seite 28)

Den Apfelsaft mit dem Wasser langsam und behutsam erwärmen, die Zimtstange mitsieden lassen. Die Orangen in Scheiben schneiden und dazugeben. Die ätherischen Öle in den Honig träufeln, emulgieren und kurz vor dem Servieren einrühren (oder ersatzweise Zimt-Orangen-Sirup nehmen).

Dieser Punsch kann beliebig ergänzt und variiert werden, man kann ihn auch als alkoholischen Punsch, beispielsweise mit Rotwein und anderen Früchten, zubereiten.

Backwaren und Konfekt

Die Advents- und Weihnachtszeit ist in unserem Kulturkreis seit jeher mit Backen und edler Konfektherstellung verbunden. Kindheitserinnerungen und der Duft von Spekulatius, Lebkuchen und anderem Weihnachtsgebäck steigen in uns auf. In den letzten Tagen vor Weihnachten werden noch Stollen, Früchtebrot und Honigkuchen gebacken. Sie sollen «reifen» und werden sorgsam weggepackt.

Nach altem Brauch werden den typischen Gebäckzutaten vielfach symbolische Kräfte zugeschrieben. Die Samen von Anis, Fenchel und Koriander sollen die Fruchtbarkeit erhalten, getrocknete Herbstfrüchte wie Äpfel, Nüsse, Pflaumen und Weintrauben sollen lebensspendende Kräfte besitzen.

Duftendes Weihnachtskonfekt

- 3 Tropfen ätherisches Orangenöl
- 3 Tropfen Kakaoessenz (fakultativ)
- 50 g Birnendicksaft oder Ahornsirup
- 250 g Vollmilch-Kuvertüre (beste Qualität aus dem Naturkostgeschäft oder Reformhaus)
- 100 ml Schlagrahm
- 60 g weiche Butter
- 80 g geröstete Kokosraspel mit Bergamotte-Orangen-Aroma (Seite 31)
- 100 g reife Banane
- 1 Spritzer Zitronensaft, mit 1 Tropfen ätherischem Zitronenöl versetzt
- ca. 30 Pralinenmanschetten

Die gewünschten Essenzen vorsichtig über einen Teelöffel in den Birnendicksaft träufeln und darin emulgieren.

Die Kuvertüre im Wasserbad schmelzen. Rahm, Butter, den aromatisierten Birnendicksaft und 60 g der Kokosraspel unterrühren.

Die Banane pürieren, mit dem aromatisierten Zitronensaft beträufeln und ebenfalls unter die Schokoladenmasse mengen.

Die Masse abkühlen lassen und zum Festwerden einige Stunden in den Kühlschrank stellen.

Danach die Pralinenmasse mit einem Schneebesen cremig schlagen, in einen Spritzbeutel mit Sterntülle füllen und in Pralinenförmchen spritzen. Die restlichen Kokosraspel über die Pralinen streuen. Über Nacht in den Kühlschrank stellen. Die fertigen Pralinen nebeneinander in einer Dose mit Deckel im Kühlschrank aufbewahren.

Tip: Die Pralinen ins Gefrierfach stellen und eiskalt geniessen!

Weihnachtsstollen

- 600 g Dinkelmehl, sehr fein gemahlen
- 1 Päckchen Trockenhefe
- 1/4 l lauwarme Milch
- 200 g Butter
- 150 g Akazienhonig
- 1 Tropfen Tonkaessenz
- 5 Tropfen ätherisches Zitronenöl
- 5 Eier oder 12,5 g Eiersatzpulver
- je 1 Messerspitze Muskatnuss, Muskatblüte, Nelken, Kardamom
- 1/2 TL Meersalz
- 250 g Rosinen
- 50 g Korinthen
- 2 EL Orangenblütenwasser oder je nach Gusto andere Blütenwässer wie Holunder oder Rose
- 150 g Mandelstifte
- 100 g Orangeat und 100 g Zitronat (am besten biologische Qualität), fein geschnitten
- 50 g Backmargarine zum Einfetten und Bestreichen

Das Dinkelmehl in eine Schüssel geben, mit der Hefe vermischen und die Milch unterrühren.

Die Butter zerlassen. Den Akazienhonig mit den Essenzen aromatisieren. Beides zusammen mit den Eiern und den Gewürzen zum Teig geben und kneten, bis er nicht mehr klebt. Eine halbe Stunde gehen lassen.

In der Zwischenzeit die Rosinen und Korinthen im Orangenblütenwasser einweichen und ziehen lassen.

Die Rosinen und Korinthen, die Mandelstifte sowie Orangeat und Zitronat gut in den Teig einarbeiten.

Den Teig 2 cm dick oval auswallen. Zuerst die eine breite Seite zur Mitte hin einschlagen, dann die andere Seite darüberschlagen. Leicht andrücken und zu einem Stollen formen. Nochmals 1 Stunde auf einem gefetteten Blech gehen lassen.

Den Stollen 50–60 Minuten im auf 180 Grad vorgeheizten Ofen backen. Kurz vor Backende mit der Margarine bestreichen. Auskühlen lassen und geniessen.

Tip: Früchtebrote und Stollen sollen vor dem Verzehr 3–4 Wochen luftdicht und kühl gelagert werden. Wird der Stollen später zu hart und zu fest, stechen Sie mit einem Zahnstocher viele Löcher hinein, und bestreichen sie die Oberfläche mit Apfelsaft. Zu feste Honigkuchengebäcke zusammen mit einigen Apfelstückchen in einem Steinguttopf lagern.

Madeleines au citron ou à l'orange

Ein ideales Teegebäck

Für ca. 12 Stück oder 6 grosse Formen

- 4 Eier
- 125 g Butter, weich
- 100 g Honig
- 8 Tropfen ätherisches Zitronenöl oder 10 Tropfen ätherisches Orangenöl oder 8–10 Tropfen fertig gekaufte Capri-Würzessenzmischung
- 125 g Mehl (feines Dinkel- oder Weizenmehl)

Die Eier trennen. Die weiche Butter mit dem Eigelb in eine Schüssel geben. In den Honig die ätherischen Öle träufeln und gut emulgieren und ebenfalls in die Schüssel giessen. Alles gut miteinander verrühren, bis die Masse leicht schäumt.

Das Eiweiss leicht aufschlagen, es soll nicht zu fest werden. Löffelweise abwechselnd den Eischnee und das Mehl einarbeiten.

Den Backofen auf 175–200 Grad vorheizen.

Die Madeleineförmchen buttern und mit Mehl bestäuben. Den Teig in die Form füllen und 10–15 Minuten im vorgeheizten Ofen backen; nicht zu lange backen, sonst werden die Madeleines leicht zu trocken.

Schokofrüchte und -blätter

Abwechslung macht das Kosten süss, vor allem bei hauchzarten Schokoladenblättern, die auf der Zunge zergehen.

Dies ist ein ausgefallenes Konfekt aus frischen und getrockneten Früchten oder Nüssen, Bananenscheiben, Karambolescheiben (Sternfrucht), Erdbeeren, Lichees, Kapstachelbeeren, getrockneten Mangoschnitzen, Aprikosen, Ingwer, Pflaumen, Mandeln, Walnüssen, Rosenblättern oder Blättern von Lorbeer-, Zitronen- oder Orangenbäumen.

200–250 g Vollmilch-Kuvertüre (beste Qualität aus dem Naturkostgeschäft oder Reformhaus)

Weihnachtliche Variante:

3–5 Tropfen fertig gekaufte Zimt-Orangen-Würzessenzmischung oder einzelne Öle aus dem gleichnamigen Honigsirup (Seite 28)

Fruchtige Variante:

5–8 Tropfen Zitrusöl, z.B. Orange, Clementine, Grapefruit oder gemischt als fertig gekaufte Capri-Würzessenzmischung

Grand-Marnier-Variante:

3 Tropfen ätherisches Orangenöl

5 Tropfen ätherisches Grapefruitöl

Minzvariante:

2–3 Tropfen ätherisches Pfefferminzöl

Die Kuvertüre im Wasserbad vorsichtig erwärmen, bis sie eine cremig-flüssige Konsistenz hat; nicht zu heiss werden lassen, sonst wird sie bitter. Vom Feuer nehmen, immer wieder umrühren. Die Schokolade nicht mit Wasser oder Dampf in Berührung bringen, sonst stockt sie.

Die gewählten ätherischen Öle einträufeln und in der Schokolade gut emulgieren.

Ein Pralinengitter oder einen Porzellanteller bereitstellen. Die Früchte nacheinander in die Kuvertüre tauchen und auf das Gitter zum Trocknen oder zum Abkühlen ins Gefrierfach legen.

Blätter von Zitrone oder Rose vorsichtig waschen und mit Küchenkrepp abtupfen. Die Blätter jeweils von der Unterseite mit einem Backpinsel mit Kuvertüre bestreichen und sofort im Gefrierfach stark abkühlen. Nach 15–20 Minuten kann das Schokoladenblatt behutsam mit kühlen Händen von den Blättern abgezogen werden. Die Struktur des Blattes zeichnet sich deutlich auf dem Schokoblatt ab. – Ein aromazarter Schmelz der auf der Zunge zergeht.

Tip: Dies sind übrigens auch herrliche Mitbringsel.

Dinkel- oder Grünkern-Rumkugeln

1/8 l Milch

150 g Akazienhonig

250 g Dinkel- oder Grünkernflocken oder -schrot

200 g geriebene Mandeln

2 EL Rum, darin 8 Tropfen ätherisches Orangen- oder Bitterorangenöl emulgiert

20 g Butter

3 gestrichene EL Kakaopulver

Die Milch mit dem Honig leicht köcheln lassen. Alle übrigen Zutaten dazugeben und gut vermengen. Mit nassen Händen den Teig zu Kugeln formen, auf einen Pralinenrost oder eine Platte setzen und fest werden lassen.

Am besten im Kühlschrank aufbewahren. Mit Nüssen verzieren oder mit einer aromatischen Schokolade überziehen (Rezept links) und in Pralinenhütchen servieren.

Honig-Zimt-Kekse

Als Kaiser Karl der V. einmal aus Italien nach Deutschland kam, kehrte er im Hause von Jakob Fugger ein. Beim Frühstück entschuldigte er sich dafür, dass er das Darlehen, das ihm dieser gewährt hatte, noch immer nicht zurückgezahlt habe, ging dann aber rasch zu einem andern Gesprächsstoff über. «Es ist kalt in Deutschland, wenn man aus Italien kommt», meinte er fröstelnd. Der Hausherr sorgte dafür, dass sogleich ein Kaminfeuer angezündet wurde, holte selbst einige Bündel der aus den neuentdeckten Ländern stammenden wohlriechenden Zimtrinde herbei, zog des Kaisers Schuldverschreibung aus der Tasche und zündete mit ihr die kostbaren Zimtrollen an. «Weil Eure Majestät mir die Ehre antun, mein Gast zu sein, sind alle Ihre Schulden bezahlt.»

Die Kunde vom Reichtum und der Grosszügigkeit Fuggers – er hatte sein Vermögen unter anderem durch den Gewürzhandel gemehrt – verbreitete sich über ganz Europa.

In der Fuggerei zu Augsburg, einer Siedlung für arme Bürger, gab es die erste Armenspeisung in Deutschland, eine soziale Einrichtung bereits im Mittelalter. Geniessen Sie die Honig-Zimt-Kekse als Erinnerung daran.

- 200 g feines Dinkelmehl, wenn möglich frisch gemahlen
- 2 EL Kakao- oder Carobpulver
- 1 TL Weinsteinbackpulver (Reformhaus)
- 2 EL Honig
- 1 EL Zimt-Orangen-Würzsirup (Seite 28) oder einzelne ätherische Öle daraus
- 1 Prise Zimtpulver
- 50 g weiche Butter

Mehl, Kakao- und Backpulver miteinander vermischen. Den Honig mit dem Würzsirup vermengen, mit den restlichen Zutaten gut unterrühren und eventuell mit wenig Wasser geschmeidig kneten. Den Teig etwa eine halbe Stunde im Kühlschrank ruhen lassen.

Den Backofen auf 180 Grad vorheizen.

Auf einer bemehlten Fläche den Teig ausrollen, beliebige Formen ausstechen und auf ein gefettetes Backblech geben.

Im vorgeheizten Ofen 20 Minuten backen. Auskühlen lassen und in einer luftdicht verschlossenen Dose aufbewahren.

Tip: Auf den Boden einer Porzellandose einige mit ätherischem Orangen-Zimt-Öl beträufelte Scheiben getrocknete Äpfel legen, einen Pralinenrost darübersetzen und darauf die Kekse schichten. Das Aroma verstärkt sich über ein paar Tage ganz fein. Bei dieser Methode kann die Menge des aromatisierten Honigs halbiert werden, für Diabetiker kann ganz darauf verzichtet werden; dann den Teig mit mehr Wasser geschmeidig kneten.

Variationen: Die Kekse mit einem Schokoladenguss (Seite 132) oder mit einem Guss aus Ei oder Honig (Seite 31) überziehen. Bei Plätzchen mit Guss zum Aufbewahren immer Butterbrotpapier zwischen die einzelnen Lagen legen.

Bild Seite 134/135: Schokofrüchte und -blätter (Rezept Seite 132), dazu Earl-Grey-Tee (Rezept Seite 127) und aromafeine Liköre.

Rosen-, Orangenblüten- und Früchte-Marzipan

- 500 g Honigmarzipan (Rohmasse)

- 2–3 EL Rosen- oder Orangenblütenwasser
- 1 Tropfen ätherisches Rosenöl
- 5 Tropfen Vanilleessenz
- 1 Tropfen fertig gekaufte Zimt-Orangen-Würzessenzmischung oder ein Öl aus dem gleichnamigen Honig (Seite 28)

Variante mit Orangenblüten:

- 2–3 EL Orangenblütenwasser
- 1 Tropfen Neroliöl
- 5 Tropfen Vanilleessenz

Variante mit Fruchtaroma:

- 2–3 EL Orangenblütenwasser
- 5 Tropfen ätherisches Orangenöl
- 5 Tropfen ätherisches Grapefruitöl
- 2–3 Tropfen ätherisches Bergamotteöl
- 3 Tropfen Vanilleessenz

Die Marzipanmasse in einer Porzellanschüssel mit einer Gabel flachdrücken, mit dem Blütenwasser besprenkeln, mit den ätherischen Ölen beträufeln und dann mit feuchten Händen zu einem weichen Teig verkneten. Abschmecken und zu kleinen Kugeln drehen.

Die Marzipankugeln können noch in Kokosflocken oder gehackten Nüssen, in Carob- oder Kakaopulver gewendet und mit einer geschälten Mandel verziert werden.

Die Marzipanmasse kann mit einigen Tropfen Rote-Bete-Saft (Randensaft) leicht rosa bis kräftig rot gefärbt werden. Ein zartes, helles Grün gelingt mit Kiwisaft, dazu passen gehackte Pistazienkerne als Garnitur.

Aromafeiner Quark-Öl-Teig

Zum Ausstechen, für Pizza, Quiche oder süsses Gebäck

Ein beliebter Grundteig, den ich bei meiner langjährigen Freundin Eva kennenlernte, als sie für ihre grosse Schar Schulkinder fürs Osterfest Osterhasen backte. Ich habe ihn mit entsprechenden Ölmischungen so verändert, dass sich daraus passendes Gebäck zu den verschiedenen Jahresfesten herstellen lässt.

Salzige Variante:

- 5 Tropfen ätherisches Korianderöl
- 2 Tropfen ätherisches grünes Pfefferöl

Süsse Variante 1:

- 8 Tropfen ätherisches Orangenöl
- 3 Tropfen ätherisches Bergamotteöl
- 2 Tropfen Vanilleessenz (fakultativ)

Süsse Variante 2:

- 5 Tropfen ätherisches rotes Mandarinenöl
- 5 Tropfen ätherisches Grapefruitöl
- 3 Tropfen Kakaoessenz (fakultativ)

- 6 EL natives Öl (Haselnuss-, Sonnenblumen-, Maiskeimöl)
- 150 g Quark
- 75 g Rohrzucker oder Honig (bei der salzigen Version ersetzen durch etwa 1 TL Salz oder Aromasalz, Seite 25)
- 300 g Dinkelmehl oder Weizenschrot
- 6 EL Milch
- 1 Päckchen Weinsteinbackpulver (Naturkostladen oder Reformhaus)

Die ätherischen Öle zuerst in den 6 Esslöffeln Öl emulgieren. Dann mit allen übrigen Zutaten gut vermengen und zu einem Teig kneten.

Den Backofen auf 175–200 Grad vorheizen.

Die Arbeitsfläche etwas bemehlen, den Teig ausrollen und daraus Tannenbäume, Osterhasen, Eier, Schafe oder beliebige andere Formen ausstechen oder den ausgewallten Teig als Boden für Obstkuchen, Pizza oder Quiche verwenden.

Im vorgeheizten Backofen die Plätzchen 15–20 Minuten goldgelb backen. Teigböden nur 5 Minuten kurz anbacken, den Belag daraufgeben und zu Ende backen.

Tips: Statt der verschiedenen ätherischen Ölmischungen kann man auch ca. 3 Esslöffel von einem aromatischen Honig (Seite 28) oder Honig, gemischt mit ätherischen Ölen, nehmen.

Übrigens: Je höher die Typenzahl des Mehls ist, um so mehr Wertstoffe sind in ihm noch enthalten. Der höhere Ballaststoffanteil wirkt sich nicht nur auf die Verdauung, sondern auch auf den Cholesterinspiegel aus. Für streng cholesterinfreie Backwaren tauschen Sie die Butter gegen gute Diätmargarine aus und Eier gegen Eiersatzpulver (Apotheke oder Reformhaus).

Nussschnecken

In Goriki in der Steiermark begeisterte ich die Kursteilnehmer zum Nachmittagstee mit einem aromatischen Tannenbaum, der aus Nussschnecken geformt war. Mit der ersten Schnecke beim Wipfel beginnend, folgen pyramidenartig die restlichen Schnecken bis zu den Wurzeln. Sie können die Form je nach Jahreszeit variieren.

1 Rezeptmenge Quark-Öl-Teig (Seite 136), süsse Variante

Füllung:

2 Tropfen fertig gekaufte Zimt-Orangen-Würzessenzmischung oder 3 Tropfen ätherisches Orangenöl und 1 Tropfen Kakaoessenz (fakultativ)

1–2 TL Honig

200 g gehackte Nüsse (Mandel-, Hasel- oder Macadamianüsse)

1 Ei

1–2 EL einer beliebigen Würzhonigmischung (Seite 28) oder ca. 1–2 EL Milch oder Wasser

Den Teig wie auf Seite 136 beschrieben zubereiten.

Falls Sie reine ätherische Öle verwenden, diese zuerst in den Honig träufeln und darin emulgieren. Die Essenzmischung mit den gehackten Nüssen gut vermischen.

Den Backofen auf 175–200 Grad vorheizen.

Den Teig ausrollen und die aromatische Füllung auf den Teig streichen. Einrollen, in Scheiben schneiden und diese etwas flachdrücken. Das Ei mit dem Honig, der Milch oder dem Wasser verquirlen und die Nussschnecken damit bepinseln. Im vorgeheizten Ofen 15–20 Minuten goldgelb backen.

Persönlicher Dank

Mein Dank gilt all jenen Menschen, die sich in den letzten Jahren der Aromakochkunst in ihrem persönlichen Lebensbereich öffneten, den Köchen, die die Naturaromen in die professionelle Küche trugen, der Firma Primavera Life für ihren innovativen Mut, der Fotografin Ulla Mayer-Raichle, der es gelungen ist, die aromatischen Köstlichkeiten in einen stimmungsvollen Augenschmaus zu verwandeln, und nicht zuletzt meinem Freund Rudoph für seine literarischen Inspirationen und seine liebevolle Begleitung.

Einen besonderen Dank möchte ich Urs Hunziker vom AT Verlag aussprechen, dafür dass er die «Aromaküche im Rhythmus der Jahreszeiten» publiziert.

Die Bilder auf Seite 10 und 12 sind aus dem Bildarchiv der Firma Primavera Life. Wir danken für die Überlassung der Abdruckrechte.

Literaturhinweise

Allgemeine Literatur

CLASSEN, CONSTANCE: *Worlds of Sense, exploring the senses in history and across cultures,* Routledge, London, 1993

CHAPELLE, DOLORES LA: *Weisheit der Erde, eine spirituelle Ökologie,* Neue Erde Verlag, Saarbrücken, 1990

KÜBLER, SABINE: Blatt für Blatt die Rose, Katalog des Rosenmuseums, Steinfurth, 1992

LAKE, MAX: *Duft und Sinnlichkeit. Wie Aromen unser Leben bestimmen,* Heinrich Hugendubel Verlag, München, 1995

LANG, RUDOLF WALTER: *Zeiten und Menschen im Spiegel der Anekdote,* Südwest Verlag, München, 1968

SAINT-EXUPÉRY, A. DE: *Man sieht nur mit dem Herzen gut,* 8. Auflage, Herder, Freiburg i. Br., 1991

WABNER, DIETRICH: *Duft des Herzens – Rosenöl,* Schriftenreihe Rosenmuseum Steinfurth, 1993

ZISCHKA, ULRIKE, HANS OTTOMEYER UND SUSANNE BÄUMLER (Hrsg.): *Die anständige Lust. Von Esskultur und Tafelsitten,* Edition Spangenberger, Droemer Knaur, München, 1994

Koch- und Kräuterbücher

APICIUS, MARCUS GAVIUS: *De re voquinaria. Über die Kochkunst,* Philipp Reclam jun., Stuttgart, 1991

BÄNZIGER, ERICA UND GISELA BAULE: *Kochen mit den fünf Elementen. Gesund essen nach der chinesischen Ernährungslehre,* 2. Auflage, Midena Verlag, Küttigen/Augsburg, 1996

BOSI, ROBERTO: Slow Food: *I Distillati. Edle Brände. Von der alten Kunst des Destillierens,* Edition Spangenberger, Droemer Knaur, München, 1995

BOSI, ROBERTO: *Slow Food: L'olio. Olivenöl. Von der kostbaren Frucht des Ölbaums,* Edition Spangenberger, Droemer Knaur, München, 1995

BÜHRING, URSULA: *Wilder Zimt und Sonnenkraut. Würzkräuter und Gartenblumen für die Küche,* Edition Achilla, Freiburg, 1992

DIERSSEN, INGRID: *Düfte helfen heilen. Handbuch der Aromatherapie,* Hallwag Verlag, Bern, 1997

DIJN, M. ROSINE DE: *Vom Mythos der kulinarischen Freuden. Mit historischen Rezepten, der heutigen Zeit angepasst,* Ceres Verlag, Bielefeld, 1991

FISCHER, REINER: *Ich esse die Schönheit meiner Frau,* in: Scharpf, Manfred (Hrsg.): *Wechselwirkung,* Selbstverlag, Leutkirch, 1989

FISCHER, SUSANNE: *Medizin der Erde. Legenden, Mythen, Heilanwendungen und Betrachtungen unserer Heilpflanzen,* Hugendubel Verlag, München, 1984

GRASDORF, ERICH UND PETER BRUNNER: *Zu Tisch mit Goethe. Rezepte aus der Zeit der deutschen Klassiker,* AT Verlag, Aarau, 1995

GUTJAHR, ILSE UND ERIKA RICHTER: *Streicheleinheiten. Von der Kunst, schmackhafte Brotaufstiche zu zaubern,* EMU Verlag für ernährung, medizin und umwelt GmbH, Lahnstein, 1995

HAGEMAN, KEES, ELISABETH LESTRIEUX UND JAN LAGROUW: *Geniessen im Garten. Rezepte aus dem Paradies,* Du Mont Verlag, Köln, 1994

GEORGE, HERBERT: *Likörbereitung,* Eugen Ulmer Verlag, Stuttgart, Neuauflage 1989

HABERSBRUNNER, FERDINAND: *Aroma-Drinks,* Joy Verlag GmbH, Sulzberg, 1994

JOYES, CLAIRE UND JEAN BERNARD NAUDIN: *Zu Gast bei Claude Monet. Der grosse Impressionist als Gourmet,* Wilhelm Heyne Verlag, München, 1989

KETTENRING, MARIA UND THOMAS: *Paradies Aromaküche. Phantasievoll kochen mit feinen Essenzen aus Kräutern, Früchten und Gewürzen,* Joy Verlag, Isny, 1989

KETTENRING, MARIA M.: *Aromaküche. Gesund und phantasievoll kochen mit ätherischen Ölen,* 3. erweiterte Auflage, Joy Verlag, Isny, 1994

KOVACOVSKY, KAROL: *Natürlich Naturküche,* AT Verlag, Aarau, 1991

KREUTER, MARIE LUISE: *Nimm Rosen zum Dessert,* Ariston Verlag, Genf, 1976

KRIEGER, VERENA: *Die Tofuküche,* AT Verlag, Aarau, 1993

LAMBERT-ORITZ, ELISABETH (Hrsg.): *Gewürze, Kräuter & Essenzen,* Büchergilde Gutenberg, Frankfurt/Main, 1993

MARTEN, ERNAH I.: *Ernährung im neuen Zeitalter,* Rubin-Verlag, Vaduz, 1992

MAURY, MARGUERITE: *Die Geheimnisse der Aromatherapie. Wohlgerüche für Gesundheit und Kraft, Vitalität, Jugend und Schönheit,* Windpferd Verlagsgesellschaft, Aitrang, 1990

MIELKE, THOMAS R.P. (Hrsg.): *Karl der Grosse. Mein Kräuterbüchlein,* Franz Schneekluth Verlag, München, 1992

NEWDICK, JANE: *Aus der guten alten Zeit. Rezepte und Hausmittel,* Christian Verlag, München, 1993

NORMAN, JILL: *Das grosse Buch der Gewürze,* AT Verlag, Aarau, 1991

POPP, FRITZ-ABERT: *Die Botschaft der Nahrung,* Fischer Taschenbuch Verlag, Frankfurt, 1993

ROCHE, MAX DE: *Cuisine d'amour. Von den Geheimnissen Aphrodisischer Kochkunst zur Vervollkommnung höchst irdischer Genüsse,* Stedtfeld Verlag, Münster, 1991

STOFFLER, HANS-DIETER: *Der Hortulus des Walahfrid Strabo. Aus dem Kräutergarten des Klosters Reichenau,* Jan Thorbecke Verlag, Sigmaringen, 1985

STORL, WOLF-DIETER: *Heilkräuter und Zauberpflanzen zwischen Haustür und Gartentor. Eine Entdeckungsreise zum geheimen Wesen der Pflanzen,* AT Verlag, Aarau, 1996

STREHLOW, WIGHARD: *Das Hildegard-von-Bingen-Kochbuch. Die besten Rezepte der Hildegard-Küche,* Heyne Verlag, München, 1996

TEMELIE, BARBARA UND TREBUTH, BEATRICE: *Das Fünf-Elemente-Kochbuch. Die praktische Umsetzung der chinesischen Ernährungslehre für die westliche Küche,* Joy-Verlag, Sulzberg, 1993

WERNER, MONIKA: *Ätherische Öle,* Gräfe und Unzer Verlag, München, 1993

WERNER, MONIKA: *Kochen mit ätherischen Ölen,* Gräfe und Unzer Verlag, München, 1995

WORWOOD, VALERIE ANN: *Liebesdüfte. Die Sinnlichkeit ätherischer Öle,* Pawlak Verlagsgesellschaft, Herrsching, 1991

Rezeptverzeichnis

Aufstriche, Saucen, Pasten und Eingemachtes

Desserts

Gebäck und Konfekt

Getränke

Hilfreiche Adressen

Bezugsquellen für hochwertige ätherische Öle, Würzessenzmischungen und Trägerstoffe sind Naturkost- und Naturkosmetikgeschäfte, Apotheken und Reformhäuser.

Seminare und Informationen zur Aromaküche bieten:

Forum Essenzia e.V.
Mäuselweg 29
D-81375 München
Telefon/Fax 089/7145391

Gemeinnütziger Verein für Förderung, Schutz und Verbreitung der Aromatherapie und Aromapflege. Veröffentlicht die zweimal jährlich erscheinende Fachzeitschrift «FORUM» mit aktuellen Beiträgen u. a. auch zur Aromakultur und Aromaküche. Die Zeitschrift ist für Mitglieder kostenlos. Veranstaltungen zur Aromaküche und Seminare im Rahmen der Aromapflege- oder Aromatherapieausbildung von verschiedenen Referenten, u. a. von der Autorin.

Veroma
Vereinigung für Aromatologie und Aromapflege
Alte Gasse 19
CH-6390 Engelberg¡

Bietet Seminare zur Aromaküche an.

Köchegemeinschaft Gesunde Ernährung e.V.
Postfach 35
D-87643 Schwangau

Die Köchegemeinschaft hat Vollwerternährung zu ihrer Hauptaufgabe gemacht, arbeitet seit längerem auch mit ätherischen Ölen und bietet Fortbildung zur Aromaküche an. Jährlich im Frühling findet ein Köcheball statt, der weit über die Grenzen von Neu-Schwanstein hinaus bekannt ist.

Primavera Life
Seminare und Fachseminare
Am Fichtenholz 5
D-87477 Sulzberg
Telefon 08376/8080, Fax 08376/80839

Bietet schon seit einigen Jahren Seminare zur Aromaküche im Rhythmus der Jahreszeit an.

Kurhaus Schratt
Gerlinde Schratt
Sägmühle 19
D-87534 Oberstaufen-Steibis
Telefon 08386/98010

Bietet zum Ende des Jahres (November) ein besonderes Lern-Verwöhn-Wochenende zur weihnachtlichen Aromaküche an.

Einige Grosshändler im Naturkosteinzelhandels- oder Reformhausbereich bieten ebenfalls Kurse zu diesem Thema an. Ebenso werden in manchen Volkshochschulen oder von Krankenkassen entsprechende Kurse veranstaltet, auch die IHK ist vereinzelt in diesem Bereich tätig.

Restaurants und Hotels, die Aromaküche bieten:

Es gibt im deutschsprachigen Raum eine stattliche Anzahl von renommierten Restaurants und Hotels, die mit Essenzen die Atmosphäre verschönern und gleichzeitig ihren Gästen einen besonderen Gaumenschmaus bereiten, indem sie mit ätherischen Ölen kochen – manche von ihnen hüten dies aber als ihr besonderes Geheimnis. Winkler, Witzigmann und viele andere Gourmetköche haben diese Küche schon vor Jahren aus Frankreich, der Heimat der Aromaküche, mitgebracht.

Einer der herausragenden Namen ist dort Maurice Maurin, selbst Parfümeur und Feinschmecker, der mit seinen Kreationen über die Landesgrenzen hinaus bekannt wurde. In seinem Restaurant «Macis et Muscade», 110 rue Legendre, F-75017 Paris, Telefon 1/42266226, bietet er köstliche Speisen, wie z.B. eine mit Zitronenblättern und Neroliöl parfümierte Consommé mit Krabben, an.

In Deutschland gibt es Kochkünstler wie Lothar Tüttelmann, Sternekoch für Fischspezialitäten, der besten Grundprodukten aus biologischem Anbau mit ätherischen Ölen die besondere Geschmacksfinesse gibt: «Good in Food», der individuelle Caterer-Party-Service von 2 bis 2000 Personen, Burkardt-und-Weber-Str. 57, D-72760 Reutlingen, Telefon 07121/340442.